정념론

— 영혼의 정념들 —

정념론

르네 데카르트 지음 | 김선영 옮김

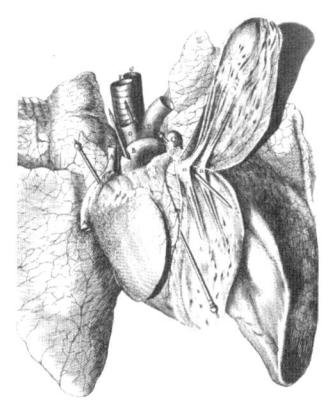

문예출판사

차 례

옮긴이의 말 7

서문 10

1부
정념 일반과 부수적으로 인간 본성 전체에 대해 15

2부
정념의 수와 순서에 대해. 그리고 기본적 정념 여섯 가지에 대한 설명 65

3부
특수한 정념들에 대해 139

해제 187

일러두기

1. 이 역서의 원전은 Charles Adam et Pierre Tannery(éd), *Œuvres de Descartes*(Vol. 11, Paris, 1996)이다. 이 전집은 데카르트 저서를 지시하는 표준으로 사용되는데 Adam의 A와 Tannery의 T를 취하여 AT로 표기하며 여기에 책의 로마자 번호를 붙이고 쪽수를 숫자로 덧붙였다.《정념론》은 AT XI, 301~497까지며, 본문 여백에 원전의 쪽수를 표시했다.
2. J. Cottingham, R. Stoothoff, D. Murdoch가 옮긴 *The philosophical writings of Descartes* (Cambridge, 1985)를 번역에 참조했다.
3. 이 책에 있는 주는 Ferdinand Alquié(éd), *Œuvres philosophiques* III(Classique Garnier Multimédia, Paris, 1998)에서 발췌한 것과 옮긴이가 한 것으로 이루어져 있다.
4. 대안이 가능한 번역어나 이해를 돕기 위해 옮긴이가 덧붙인 말은 [ ]로 표기했다.

옮긴이의 말

이 책은 데카르트의 마지막 작품으로 1649년에 출간된《영혼의 정념들Les Passions de l'âme》을 옮긴 것이다. "LES PASSIONS DE L'ÂME. Par René Des Cartes."(A Paris, Chez Henry Le Gras, au troifiéme Pilier de la grand' Salle du Palais, à L Couronnée, MDCXLIX, Avec Privilege du Roy)가 데카르트가 생존해 있던 당시 발간된 책의 제목이다. 원제를 따르자면 이 책의 제목은 '영혼의 정념들'이어야 한다. 하지만 데카르트철학이 처음 국내에 소개되기 시작했을 때 '정념론'이라 칭해져 이미 굳어진 상황이라 혼돈을 피하기 위해 부득이 '정념론'이라 제목을 붙였다.

하지만 '정념론'이라는 제목이 데카르트의 저작 의도를 왜곡하고 있지 않다는 점은 밝힐 필요가 있다. 사실 데카르트의 이 마지막 저서가 새로운 시각에서 조명되기 시작한 것은 비교적 최근의 일인데, 이 배경에는 드니 캉부슈네Denis Kambouchner의《영혼의 정념들》에 대한 주석서인《정념의 인간L'homme des passions》이 있다. 이 책의 제목에서 알 수 있듯이 캉부슈네는 정념에 대한 데카르트의 이해를 인간 본성에 대한 이해와 연관시킨다. 즉 정념의 문제를 영혼과 몸의 결합체인 인간의 문제로 파악하는 것이다. 실제로 이 점은 데카르트 자신이 밝히고 있는 것이기도 하다. 따라서 '정념론'이라는 제목은 오히려 데카르트를 이원론자로만 알고 있는 이들의 편견을 없앨 수 있는 장점을 지닌다고도 할 수 있다.

실제로 데카르트는 영혼과 몸을 구분하는 그의 이원론을 아주 잘 이해하고 있던 엘리자베스 공주의 요청에 의해 그녀만 읽기를 바라며 (이 책의 서문에서 밝혔듯이) 이 책을 썼다. 정념에 대한 검토는 1645년 가을에 시작된 것으로 보인다. 〈1645년 11월 3일 편지〉에서 데카르트는 정념의 본성을 검토하기 위해 정념의 수와 순서에 대해 생각하고 있지만 아직 자신의 생각이 정리되지 않았음을 밝히고 있다. 〈샤뉘에게 보내는 1646년 5월 편지〉에서도 여전히 초벌 상태의 《정념론》에 대해 언급한다. 하지만 이후 이 책의 존재가 알려지기 시작했으며, 1648년 데카르트가 프랑스를 여행하던 중 그의 친구들은 이 책을 출판할 것을 권유한다. 이 책의 서문을 대신하는 편지는 바로 이러한 상황에서 쓰인 것이다.

캉부슈네가 박사학위 논문 지도 교수였기에 역자는 이 책을 번역하고 출판하게 된 것이 매우 기쁘고 특별하게 생각된다. 이 책의 출판을 기꺼이 허락해주신 문예출판사의 모든 분께 감사드린다. 짧지 않은 유학 생활 탓에 우리말 실력이 거칠고 투박할까 걱정해 기꺼이 해제를 읽고 수정해주신 김용환 선생님과 용어 번역에 많은 조언을 해주신 김상환 선생님과 김성환 선생님께도 역시 감사드린다. 그리고 우리말이 최악의 상태였던 초고를 읽느라 수고해준 후배 박미희와

임건태 선생에게도 감사하는 마음을 전하고 싶다.

  사실 데카르트의 작품을 번역하는 것이 능력 밖이라 생각하고 있던 차에 데카르트철학에 많은 관심을 갖고 있던 한 출판인과 지금은 절판된 데카르트 번역서의 옮긴이였던 김형효 선생님의 조언에 의해 이 책을 옮기게 되었다. 무능함에 따를 질책이 두렵기는 하지만, 시대가 바뀌면 자연스럽게 새로운 번역이 나와야 한다고 생각한다. 이 책을 계기로 데카르트철학에 대한 이해가 넓어지고, 아직도 소개되지 않은 데카르트의 여러 작품 역시 우리말로 옮겨지기를 기대해본다.

옮긴이 김선영

서 문

첫 번째 편지

○○○ 씨에게,

[323] 저는 당신이 제게 수고스럽게 쓴 중대한 편지에서 저에 대한 부당한 대우와 질책을 발견했지만, 또 그만큼 제 장점도 많이 주목하게 되었습니다. 정말 당신이 그 편지를 출판해야만 한다면(당신이 그렇게 하고 싶다고 확실히 밝힌 것처럼), 사람들은 우리가 실제로 그런 것보다 더 긴밀히 협력하고 있다고 상상할 것이며, 또한 제가 예의상 대중에게 알리고자 하지 않은 많은 것을 편지에 넣기를 간청했다고 상상할 것이 걱정됩니다. 그래서 저는 여기서 당신의 편지에 대해 일일이 답하는 데 시간을 들이지는 않을 것입니다. 저는 단지 당신에게 이 편지를 출판하는 것을 막아야 하는 것으로 보이는 두 가지 이유를 말씀드릴 것입니다. 첫째, 판단하건대 저는 당신이 편지를 쓰면서 계획했던 목적이 성공할 것이라고는 전혀 생각하지 않는다는 점입니다. 둘째, 저는 전혀 당신이 상상하는 기분이 아니라는 점입니다. 말하자면 저는

대중에 봉사하기 위해서 제가 할 수 있는 한 모든 것을 하려는 욕망을 지니고 있지만, 그 욕망을 제게서 앗아가는 어떤 분노나 거부감도 갖지 않습니다. 저는 제가 이미 발표했던 저술들이 사람들에게 호의적으로 받아들여졌기 때문에 큰 의무감을 가지고 대중에 봉사해야 한다고 저 스스로 평가하고 있습니다. 그리고 저는 이전에 정념에 대해 쓴 글을 (출판할 것을) 거절했는데, 그것은 단지 자신들을 위해 그 글을 유익하게 사용할 수 없는 몇 사람들이 그 책을 읽도록 강요받지 않게 하기 위해서였습니다. 왜냐하면 저는 그 글을 어느 공주가 읽도록 구성했는데, 그 공주의 정신은 보통 사람들보다 아주 뛰어나고 우리 박사들에게 가장 어려운 것으로 보이는 것도 전혀 어려움 없이 받아들이는 정도여서, 저는 그 책에서 단지 제가 새로운 것이라 생각하는 것만을 설명하는 데 주의를 집중했기 때문입니다. 그리고 당신이 제가 하는 말을 의심하지 않도록 하기 위해서, 저는 당신에게 정념에 대한 이 글을 다시 검토하겠다고 약속합니다. 그리고 그 책이 더 잘 이해되도록 하기 위해 필요하다고 판단되는 내용을 덧붙일 것이고, 그 후에 그 책을 가지고 당신이 하고자 하는 것을 하시게끔 당신에게 책을 보내드릴 것입니다.

[324]

1648년 12월 4일

에그몽에서

두 번째 편지

○○○ 씨에게,

[325] 당신은 지난해 당신이 제게 보내신 중대한 편지가 출판되지 않도록 제가 어떤 책략을 썼다고 믿고 계시지만 전 아주 결백합니다. 저는 책략을 사용할 필요가 전혀 없었습니다. 왜냐하면 저는 그 편지가 당신이 주장하는 효과를 낼 수 있을 것이라고 조금도 믿지 않을 뿐더러, 저는 한가한 성향을 거의 지니지 않기 때문입니다. 제가 몇 가지 경험을 검토하는 데 따르는 불가피한 일에 대한 두려움은, 만일 제가 그렇게 하도록 대중이 제 편의를 봐주었다면, 제 스스로 배우고 다른 이들에게 유용한 어떤 것을 글로 써서 만들려는 욕망을 지배했을 것입니다. 당신은 제가 소홀하다는 이유로 불평하지만 저는 그것에 대해 쉽게 사과드릴 수는 없습니다. 왜냐하면 저는 제가 당신에게 보낸 이 소론을 제가 이전에 그것을 구성할 때보다 아주 더 오랜 시간을 들여 검토했다는 것을 고백해야 하기 때문입니다. 그렇지만 저는 약간의 내용만 덧붙였고, 아주 단순하고 간결한 서설의 형태는 그대로 두었습니다. 그것은 제가 정념을 변론가나 도덕철학자로서가 아니라 단지 자연학자로서 설명하고자 했다는 것을 알게 할 것입니다. 그래서 저는 이 소론이 제 다른 저술들보다 더 좋은 행운을 누리지는 못할 것이라 내다봅니다. 그리고 이 저술에 붙이도록 권유받은 제목으로 인해 좀 더 많은 사람들이 그 글을 읽게 될지도 모르지만, 오직 그 글을 수고스럽게도 조심스레 검토

하고자 하는 이들만이 그 글을 읽고 만족할 수 있을 것입니다. 저는 있는 그대로 그 글을 당신 손에 맡기겠습니다.

1649년 8월 15일
에그몽에서

1부

정념 일반과 부수적으로 인간 본성 전체에 대해

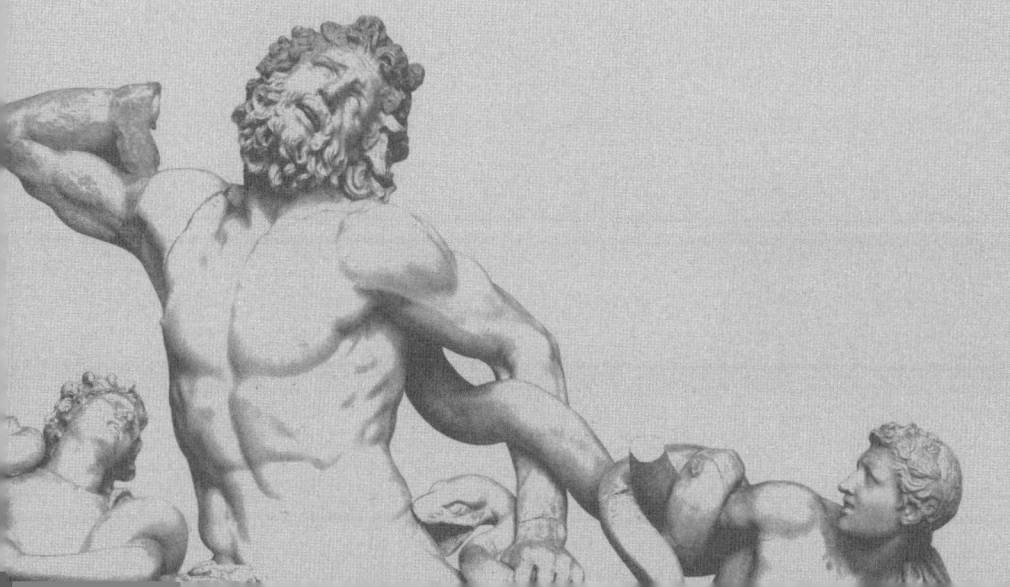

1항 한 주체에 비추어보아 수동인 것은 다른 어떤 관점에서는 [327]
항상 능동이다

우리에게 남은 고대철학자들 anciens[1]의 학문에 얼마나 결함이 있는지에 대해 그들이 정념에 대해 기술한 것보다 더 잘 나타내주는 것은 아무것도 없다.[2] 왜냐하면 이 주제는 항상 많이 연구된 인식 소재임에도 유난히 어려운 것으로는 보이지 않고, 각 개인은 정념들을 자신 안에서 느끼므로 그 본성을 발견하기 위해 어떤 다른 곳을 관찰할 필요가 없기 때문이다. 어쨌든 고대철학자들이 정념에 대해 가르친 것은 아주 보잘것없는 것이고, 대부분은 아주 약간만 신뢰할 수 있는 것이므로,[3] 고대철학자들이 따랐던 길에서 멀어짐으로써 진리에 다 [328]
가갈 것이라는 희망을 가질 수밖에 없다. 그로 인해 여기서 마치 나

---

1 스콜라철학 이전의 철학자들을 말하는 것으로 이해할 수 있다.
2 고대철학에 대한 데카르트의 반감을 엿볼 수 있다.
3 데카르트가 여기서 암시하고자 하는 바는 스토아학파에서 말하는 지혜, 즉 고통에서조차 행복을 유지하는 힘이라고 볼 수 있다.

1부 정념 일반과 부수적으로 인간 본성 전체에 대해   17

이전에는 아무도 다루지 않은 소재를 다루는 것처럼 글을 써야만 할 것이다.[4] 우선 나는 일반적으로 철학자들[5]이 새롭게 만들어지거나(이루어지거나) 발생하는 모든 것을, 그것이 발생하여 (영향을 미치는) 주체에 비추어보아 수동(정념)이라고, 그리고 그것을 발생하게 만드는 (또 다른) 주체의 관점에서는 능동 action[6]이라고 부른다는 것을 주시한다. 그래서 능동인과 수동인은 대체로 아주 다름에도, 능동과 수동은, 그것들이 연관될 서로 다른 두 개의 주체로 인해 두 이름을 지녀도, 항상 동일한 하나여야만 한다.[7]

2항 영혼의 정념들을 알기 위해서는 영혼의 기능들을 몸의 기능들과 구분해야 한다

다음으로 나는 영혼이 결합되어 있는 몸보다 더 즉각적으로 영혼에 작용하는 어떤 주체도 없다는 것에 우리가 전혀 주목하지 않았다는

---

4 데카르트는 고대철학자들뿐만 아니라 스콜라철학자들의 이론 역시 거부한다.

5 스콜라철학자를 말한다. 이들은 능동이 정념에서 분리될 수도 없고 또한 정념이 능동에서 분리될 수 없다고 평가한다. 왜냐하면 주체 안에서 정념이 동인(행위자)에서 생기는 것 없이 생긴다는 것을 받아들이는 데는 모순이 있기 때문이다.(Suarez, *Metaphysic. disputat.*, disp. 48, sect. I; art. 9 참조)

6 데카르트에게 있어서 정념은 능동에 대립되는 수동을 뜻한다. 이후의 논의에서 action을 '작용'으로도 옮긴다.

7 데카르트는 이 원리를 항상 받아들여서 모든 영역에 적용한다. 이에 따라 우리 지성의 작용은 단지 정념일 뿐이다. 왜냐하면 신이 진리들을 창조하는 것이 작용이기 때문이다. 그러므로 작용과 정념은 두 가지의 실재성, 즉 하나는 능동이고 다른 하나는 수동인 것의 관계를 가정한다.

것을 주시한다. 그리하여 결과적으로 영혼 안에서 수동(정념)인 것은 보통 몸 안에서는 능동이라고 생각해야 할 것이다. 그래서 정념에 대한 인식에 도달하기 위해 영혼과 몸의 차이[8]를 검토하는 것보다 더 좋은 길(방법)은 없다. 그로써 우리 안에 있는 기능들을 영혼과 몸, 이 둘 각각의 어디에 부여해야만 하는지를 알게 될 것이다.

3항 그러한 목적을 이루기 위해 어떤 규칙을 따라야 하는가 [329]

다음을 잘 기억한다면, 이 점에 있어서 별다른 어려움을 발견하지는 않을 것이다. 즉 우리 안에 존재하는 것으로 경험하고, 또한 전적으로 비생물적인 물체corps 안에도 존재할 수 있는 것으로 보는 모든 것은 단지 몸에만 부여해야 한다. 그리고 반대로 우리 안에 있지만 어떤 방식으로도 몸에 속한 것으로 받아들일 수 없는 모든 것은 영혼에 부여해야 한다.

4항 온기와 사지의 움직임은 몸에서, 그리고 생각은 영혼에서 생긴다

이처럼 몸이 어떤 방식으로든 생각한다는 것을 조금도 받아들일 수

---

8 영혼과 몸의 결합과 영혼과 몸 사이의 차이는 데카르트가 정념을 설명할 때 사용하는 주요 원리다. 정념은 영혼 안에 있는 것이지만 몸에 의해 야기된 것이다.

없기 때문에, 우리 안에 있는 모든 종류의 생각 pensées[9]이 영혼에 속한다고 믿는 것은 옳다. 그리고 우리 몸과 같은 정도로 또는 그보다 더 다양한 방식으로 움직일 수 있으며 우리 같은 정도로 또는 그보다 더 많은 열 chaleur[온기][10]을 지닌 비생물적인 물체가 있다는 것(불꽃 홀로 사지의 어떤 곳에서보다 더 많은 열과 운동을 갖는 경우를 경험적으로 보아 알 수 있다)을 의심할 수 없기 때문에, 우리 안에 있는 모든 온기와 운동은, 그것이 생각에 전혀 의존하지 않는 한에서, 몸에만 속한다는 것을 믿어야 한다.[11]

---

9   보통의 경우 사유 혹은 사고로 번역되는데, 데카르트에게 있어서 pensée는 일반적인 경우처럼 반성의 의미만을 포함하지 않는다. 데카르트는 《철학의 원리》 1부 9항에서 이 개념을 다음과 같이 정의한다. "나는 '생각하다'라는 단어를 우리 안에서 일어나는 모든 것으로, 그 결과 우리가 우리 자신에 의해 직접적으로 알아차리는 것으로 이해한다. 이러한 이유에서 '이해하다', '원하다', '상상하다'뿐만 아니라 '감각하다' 역시 여기에서는 '생각하다'와 같다. 왜냐하면 나는 '나는 본다' 또는 '나는 걷는다'라고 말하고, 거기에서 '나는 있다'를 추론하기 때문이다. 내가 나의 눈이나 다리를 가지고 행하는 행위에 대해 말하는 것을 듣는다면, 이 결론은 아주 확실한 것은 아니다. 나는 몇 가지 의심할 점을 갖는다. 왜냐하면 나는 내가 본다거나 걷는다고 생각할 수 있기 때문이다. 내가 전혀 눈을 뜨지 않고 있고 내 자리에서 움직이지 않았음에도 말이다. 왜냐하면 이런 일은 때때로 잠자면서도 내게 일어나고, 아마도 내가 몸을 가지고 있지 않은 경우에도 일어날 수 있기 때문이다. 단지 나의 생각이나 감정, 다시 말해 '나는 본다' 혹은 '나는 걷는다'처럼 여기게 하는 내 안에 있는 인식 행위를 이해하는 대신에, 내가 의심할 것이 아무것도 없다는 결론은 절대적으로 참이다. 왜냐하면 이 결론은 느끼거나 생각하는 능력을 유일하게 지니고 있는 영혼에 결부되기 때문이다." 결국 데카르트에게 있어서 생각의 개념은 의식의 개념에 해당한다고 할 수 있다. 이 저서에서도 데카르트 자신이 분명 conscientia라는 표현을 쓰고 있다. 물론 여기서 conscientia는 도덕적 의미를 지니므로 의식만이 아니라 '양심'을 의미하기도 한다.
10 이 단어가 몸에 대해 사용될 때는 '온기'로, 물체에 대해 사용될 때는 '열'로 옮긴다. 여기서는 운동에 의해 정의되는 실제적이고 물리적인 열(온기)의 문제이지 영혼의 상태가 지닌 온기의 느낌을 다루는 것은 아니다.
11 3항과 4항에서 내세우는 원리는 실체 구분의 원리다.(《철학의 원리》 1부 60항 참조)

5항 영혼이 몸에 움직임과 온기를 준다고 믿는 것은 오류다 [330]

이런 식으로 많은 사람들이 빠지게 되는 아주 심각한 오류를 피할 수 있을 것이다. 〔그래서〕 나는 이 오류[12]가 지금까지 정념과 영혼에 속하는 다른 것들을 잘 설명하지 못하게 방해했던 첫 번째 원인이라고 평가한다. 이 오류는 모든 죽은 몸〔시체〕을 온기나 움직임을 결여한 것으로 보면서, 영혼의 부재가 이 움직임과 온기를 중단하게 한 것이라고 상상했던 것에 있다. 이처럼 사람들은 자연적 온기와 몸의 모든 움직임이 영혼에 의존한다고 근거 없이 믿었다.[13] 하지만 죽었을 때 영혼이 없어지는 것은 단지 그 온기가 중단되고 몸을 움직이는 데 사용되는 기관들이 손상되었기 때문이라고 반대로 생각해야 했다.

6항 살아 있는 몸과 죽은 몸 사이에는 어떤 차이가 있는가

따라서 이러한 오류를 피하기 위해, 죽음은 영혼의 결여 faute 에 의해 일어나는 것이 절대 아니라 단지 몸의 주요 부분 가운데에서 일부분이 손상되기 때문이라는 것을 주시하자. 그리고 살아 있는 인간의 몸과 죽은 몸의 차이는 시계나 다른 자동 장치, 다시 말해 그 자신 스스로 움직이는 기계가 그것이 조립되어 있고 또한 자신 안에 자신이 설 [331]

---

12 영혼이 몸에 움직임과 온기를 준다고 믿는 오류를 말한다.
13 중세의 영혼 개념을 비판하는 것이다.(《성찰》 가운데 〈제2성찰〉 참조) 여기서 데카르트가 말하는 모든 것은 그가 실체 개념의 구분에 대해 서술한 규칙들에서 기인한다.

립된 이유, 즉 움직임의 물리적 원리를 작동(작용)하기 위해 필요한 모든 것을 함께 지니고 있을 때와, 그 동일한 시계나 자동 장치가 손상되고 그 움직임의 원리가 작동하기를 멈추었을 때의 차이와 같은 정도로 차이가 있다고 판단하자.

7항 몸의 부분들과 기능 몇 가지에 대한 간결한 설명

이것을 좀 더 이해하기 쉽게 하기 위해 여기서 우리 몸의 기계가 구성된 모든 방식을 몇 마디로 설명할 것이다. 우리 안에 심장, 뇌, 위, 근육, 신경, 동맥, 정맥, 그리고 이와 비슷한 것들이 있다는 것을 이미 모두 알고 있다. 또한 우리가 먹은 음식이 위와 장으로 내려가고, 거기에서부터 음식물viandes[14]의 즙이 간과 모든 정맥 안으로 흘러들어가 그 속에 있는 피와 섞이고 그로 인해 즙의 양이 증가한다는 것도 알고 있다. 의학에 대해 조금이라도 들었던 이들은 이외에도 심장이 어떻게 구성되고, 모든 정맥의 피가 어떻게 대정맥에서 오른쪽으로 지나가며, 거기에서부터 우리가 동맥성 정맥veine artérieuse(폐동맥)이라고 부르는 혈관에 의해 폐를 지나가고, 이후에 정맥성 동맥artère veineuse(폐정맥)이라 불리는 혈관에 의해 폐에서 심장의 왼쪽으로 되돌아가는지, 마지막으로 어떻게 지류들이 몸 전체에 퍼져 있는 대동맥grande artère을 지나는지를 알고 있다.[15] 고대철학자들의 권위에 조

---

14 생명과 삶에 필요한 모든 양식을 뜻한다.
15 이에 대한 자세한 설명은 데카르트의 《인간론》과 《방법서설》 5부에서 볼 수 있다.

금도 눈이 멀지 않고 피 순환에 대한 하비William Harvey의 견해를 검토하는 데 시야를 열고자 했던 모든 이들은 다음을 전혀 의심하지 않는다. 즉 몸의 모든 정맥과 동맥은 배수구와 같은데, 이것을 통해서 피는 폐 전체에 분산된 지류들의 폐동맥에 의해 심장 오른쪽 공동cavité droite du cœur[우심실]에서 흐르기 시작해 끊임없이 빠른 속도로 흐르며 폐정맥의 지류들에 결합한다는 것을 말이다. 이로 인해 피는 폐에서 심장의 왼쪽으로 지난다. 이어서 거기에서부터 피는 대동맥 안으로 가는데, 몸의 나머지 모든 부분에 뻗어 있는 대동맥의 지류는 심장의 오른쪽 공동에서 같은 피를 또다시 지니는 대정맥veine cave의 지류들과 결합한다. 그래서 이 두 공동은 수문과도 같은데, 몸 안에서 이루어지는 매번의 회전에서 모든 피는 각기 이 수문들을 통과해서 지나간다. 뿐만 아니라 우리는 사지의 모든 움직임이 근육에 의존하고, 근육은 서로 상반되어 있다는 것을 안다. 그래서 그 상반되는 근육 가운데 하나가 수축하면 그 근육은 자신과 연결되어 있는 몸의 어떤 부분을 자기 쪽으로 잡아당기고 동시에 상대편 근육을 늘어나게 한다. 이어서 이 늘어났던 근육이 수축하는 일이 다른 때에 발생하면, 이 근육은 상대편 근육을 다시 늘어나게 하며 자신과 연결되어 있는 부분을 자기 쪽으로 잡아당기게 된다. 마지막으로 우리는 모든 감각과 마찬가지로 근육의 모든 움직임도 미세한 실들petits filets이나 뇌 전체에서 오는 작은 관과 같은 신경에 의존한다는 것과, 또한 뇌처럼 동물 정기[16]라 불리는 어떤 기체[공기] 혹은 아주 섬세한

---

16   동물 정기에 대한 설명은 이 책의 10항에서 이루어진다.

숨 vent(바람)을 내포한다는 것을 안다.[17]

[333] **8항 이 모든 기능들의 원리는 어떤 것인가**

그러나 어떤 방식으로 동물 정기와 신경이 움직임과 감각에 기여하는지도, 동물 정기와 신경을 움직이게 하는 신체적 원리가 어떤 것인지도 보통 알지 못한다. 그 때문에, 내가 다른 저서[18]에서 이 문제에 대해 이미 몇 가지를 다루었음에도 여기서 간략히 다음을 말하지 않고는 못 배기겠다. 즉 우리가 살아 있는 동안 심장에는 불의 일종인 지속적인 열[19]이 있으며, 이 열은 혈관의 피가 심장에서 유지하는 불

---

17 피의 순환과 심장의 운동을 그림으로 표현하면 다음과 같다.(Josiane Boulad-Ayoub et Paule-Monique Vernes, *La révolution cartésienne*, Laval: PUL, p. 185)

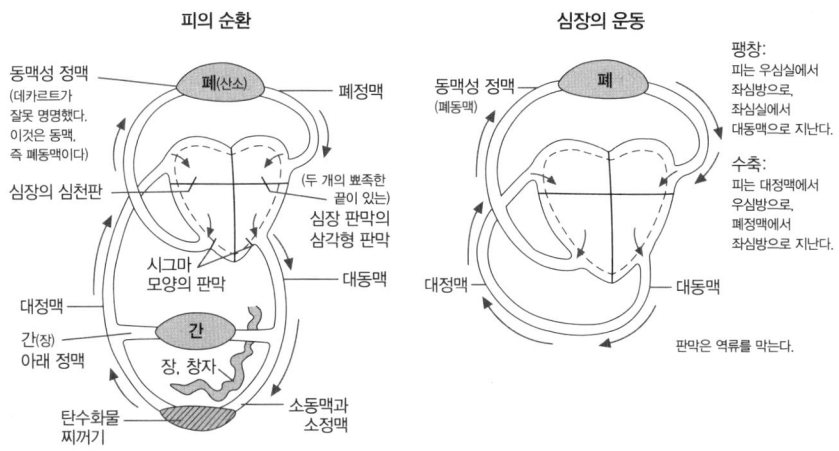

18 데카르트의 《인간론》과 《방법서설》 5부를 말한다.
19 이 점에서 데카르트의 견해는 하비의 견해와 다르다. 하비는 심장 수축이 피 순환의

의 일종이고, 이 불은 모든 사지 운동의 신체적 원리다.

9항 심장 운동은 어떻게 이루어지는가

불의 첫 번째 효과는 심장의 공동들을 채우고 있는 피를 팽창시키는 데 있다. 이로 인해 이 피는 좀 더 넓은 장소를 차지할 필요가 생겨 격렬하게 오른쪽 공동에서 폐동맥으로, 그리고 왼쪽 공동에서 대동맥으로 간다. 이어서 이 팽창이 멈추면 새로운 피는 곧장 대정맥에서 심장의 오른쪽으로, 그리고 폐정맥에서 왼쪽으로 들어간다. 왜냐하면 이 네 관의 입구에는 작은 판막들valules이 있는데, 그것들은 피가 마지막 두 관들을 통해서만 심장 안으로 들어갈 수 있고 다른 두 관을 통해서만 나오게 할 정도로 아주 잘 배치되었기 때문이다. 심장 안으로 들어간 새로운 피는 그곳에서 즉시 앞서와 같은 방식으로 희박稀薄하게 된다. 심장과 동맥의 맥박[20]과 고동은 단지 이 방식으로만 이루어진다. 그래서 이 고동은 심장에 새로운 피가 들어가는 횟수만큼 되풀이된다. 또한 피에 운동을 일으키고 피를 멈춤 없이 아주 빠르게 모든 동맥과 정맥으로 흐르게 하는 것도 오직 이 방식을 통해서다. 이런 식으로 피는 심장에서 얻은 열을 몸의 다른 모든 부분으로 이끌고 영양물이 된다.

[334]

동인이라 주장한다.

20 데카르트에게는 맥박이 이완기 혹은 심장의 확장에 대응한다. 이 점은 데카르트의 오류라고 할 수 있다.

10항 동물 정기는 뇌에서 어떻게 생산되는가

그러나 여기서 더 고려해야 할 것이 있는데, 그것은 열로 인해 심장에서 묽어진 피의 가장 생기 있고 미세한 모든 부분이 끊임없이 대량으로 뇌의 공동으로 들어간다는 것이다. 그리고 열에 의해 묽어진 피가 다른 어떤 장소보다도 뇌의 공동으로 가는 이유는 대동맥에 의해 심장에서 나오는 모든 피가 뇌의 공동을 향해 직선적으로 흐르는데, 단지 아주 좁은 통로들만 있기 때문에 모두 그곳으로 다 들어갈 수 없어서 가장 활기 있고 미세한 부분들만이 그곳을 지나며, 반면에 나머지는 몸의 다른 모든 곳으로 퍼진다는 데 있다. 그런데 피의 아주 미[335]세한 부분들이 동물 정기를 구성한다. 그리고 그렇게 동물 정기를 구성하기 위해서는 그 미세한 부분들이 피의 덜 미세한 다른 부분에서 분리되는 것 말고는 뇌 안에서 다른 어떤 변화도 일어날 필요가 없다. 왜냐하면 내가 여기서 정기라고 부르는 것은 물체(물질), 그러니까 아주 작은 물체들로서 횃불에서 나오는 불꽃의 부분들처럼 아주 빠르게 움직인다는 것을 제외하고는 다른 특성을 전혀 가지고 있지 않기 때문이다. 그래서 정기들은 어떤 장소에서도 멈추지 않으며, 뇌의 공동으로 그 일부가 들어감에 따라 뇌의 물질 substance[21]에 있는 기공들을 통해서 다른 일부가 역시 나오고, 그 기공들은 정기들을 신경으로 이끌며 거기에서부터 근육 안으로 이끄는데, 이러한 방식으로 정기들은 몸이 움직일 수 있는 모든 다양한 방식으로 몸을 움직인다.

---

21 substance blanche는 백질, substance grise는 회백질을 의미한다.

11항 근육 운동은 어떻게 발생하는가

왜냐하면 사지의 모든 움직임의 유일한 원인은 어떤 근육이 수축하고 그것의 대립 근육은 이완하는 데 있으며, 이미 언급한 것처럼 한 근육이 자신의 상대 근육보다 더 수축하게 되는 유일한 원인은 상대 근육보다도 그 근육 쪽으로 조금이라도 더 많은 정기들이 뇌에서 오는 데 있기 때문이다. 뇌에서 즉시 나오는 정기들만으로는 그 근육들을 움직이기가 충분하지 않다. 그러나 그 정기들은 두 근육 안에 이미 있었던 다른 정기들이 그중 한 근육에서 아주 신속하게 전부 나가고 다른 근육 안으로 들어가도록 결정한다. 이런 식으로 정기들이 나온 근육은 더 길어지고 무기력하게 되며, 정기들이 들어간 근육은 빠르게 부풀고 수축되어 (근육이) 연결된 사지를 잡아당긴다.[22] 이 점은 [336] 다음을 알기만 한다면 받아들이기 쉽다. 뇌에서 나와 각 근육으로 지속적으로 가는 동물 정기들은 아주 적을 뿐이지만, 모든 근육에는 동물 정기들이 항상 다량으로 갇혀 있다. 이 정기들은 아주 빠르게 움직이며, 때로는 그곳에서 나가기 위한 출구를 전혀 발견하지 못해서 그들이 있는 곳에서 단지 선회만 하거나, 때로는 상대 근육 안으로 흘러가기도 한다. 근육의 각각에는 작은 출구들이 있는데 이를 통해 정기들은 이 근육에서 저 근육으로 흐를 수 있다. 또한 그 출구들은 아주 잘 준비되어 있어서 뇌에서 나와 어떤 한 근육으로 가려는 정기가 다른 근육으로 가려는 정기들보다 조금이라도 더 많은 힘을 가지

---

22 그러므로 근육은 자신의 고유한 운동을 지니고 있지 않고, 동물 정기에 의해 부푼다.

고 있을 때, 그 출구들은 다른 근육의 정기들이 그 근육으로 갈 수 있도록 모든 통로들을 열고, 동시에 이 근육의 정기들이 다른 근육으로 갈 수 있도록 하는 모든 통로들을 닫는다. 이런 식으로 이 두 근육에 이미 내포된 모든 정기들은 아주 갑작스럽게 한 근육에 모이고, 이로 인해 한 근육은 부풀고 수축하며, 반면에 다른 한 근육은 늘어지고 무기력하게 된다.

12항 외부 대상은 어떻게 감각기관에 작용하는가

[337] 이제 정기가 뇌에서 근육으로 항상 동일한 방식으로 흐르지 않게 하고 때때로 어느 한쪽보다 다른 한쪽으로 오게 하는 원인들을 알아야 하는 문제가 남아 있다. 왜냐하면 실제로 우리 안에 있는 그 원인 중 하나인 영혼의 작용 외에, 내가 이후에 언급할 것과 같이, 또한 거기에는 몸에만 의존하는, 주시할 필요가 있는 다른 두 가지 원인이 있기 때문이다. 첫째는 대상에 의해 감각기관 안에서 일어나는 운동의 다양성에 있는데, 이 점을 이미 나는 충분히 상세하게 《굴절광학》에서 설명했다. 그러나 이 글을 읽을 이들이 다른 저서를 읽을 필요가 없게 하기 위해서 나는 신경에서 고려할 세 가지를 여기서 반복할 것이다. 즉 [첫째는] 골수 혹은 내부 물질인데, 이것은 미세한 실(섬유들)의 형태로 뇌―골수나 내부 물질의 기원이 되는―에서부터 그 실들이 연결된 다른 사지의 말단에까지 펼쳐져 있다. 다음으로 실들을 둘러싼 막들은 뇌를 싸고 있는 막들과 이어져 있어서 미세한 실들이

갇혀 있는 가느다란 관들을 구성[형성]한다. 마지막으로 동물 정기들은 뇌에서부터 근육까지 동일한 관을 통해 운반되어서 이 실들이 완전히 자유롭고 펼쳐진 상태로 있게 하는 원인이다. 그래서 어떤 실한 올의 말단에 연결된 몸의 한 부분을 움직이게 만드는 최소한의 것은 같은 방법으로 그 실이 나온 뇌의 한 부분을 움직이게 만드는데, [이것은] 현의 한 끝을 당길 때 다른 끝을 움직이게 되는 것과 같은 방식이다.[23]

13항 외부 대상의 이러한 작용은 정기들을 근육 안으로 다양하게 이끌 수 있다 [338]

그리고 나는 《광학》에서 어떻게 시각 대상이 우리에게 알려지는지 설명한 바 있다. 시각 대상은 그것과 우리 사이에 있는 투명한 물체의 매개를 통해서 우리 눈 뒤에 있는 시신경섬유와 그다음 이 신경이 시작되는 뇌 영역에 국지적 움직임을 만든다. 또한 나는 시각 대상들이 사물에서 다양성을 보게 하는 만큼이나 다양한 방식으로 시신경과 뇌의 일부를 움직인다고 설명했다. 그리고 영혼에 대상을 직접적으로 나타내는 것은 눈에서 행해지는 운동이 아니라 뇌에서 행해지는 운동이라고 설명했다. 이것을 예로 삼아 소리, 향기, 맛, 온기, 고통, 배고픔, 갈증, 그리고 외적 감각만큼이나 내적 욕구들의 모든 일

---

23 데카르트는 감각신경과 운동신경을 구분하지 않고, 이 둘을 신경의 두 기능으로 생각한다. 신경은 동물 정기들이 지나가는 관처럼 여겨진다.

반적인 대상들도 마찬가지로 신경에 어떤 움직임을 생기게 하고 이 움직임은 신경을 통과해 뇌로 간다는 것을 받아들이는 것은 쉬운 일이다. 그리고 뇌의 다양한 운동은 영혼이 다양한 감정을 갖게 할 뿐만 아니라, 영혼이 없이도 정기들이 어떤 한 근육보다 특정한 다른 근육으로 향하게 할 수 있고, 그리하여 사지를 움직이게 할 수 있다. 여기서는 단지 다음 한 가지 예로 그것을 증명할 것이다. 어떤 사람이 우리 눈을 향해서 때리기 위한 것처럼 손을 재빠르게 내민다면, 그가 친구이고 단지 장난으로 그렇게 한다는 것과 그가 우리에게 어떤 해도 끼치지 않도록 조심할 것을 알고 있음에도, 눈을 감지 않고 참기는 힘들 것이다. (이것은) 눈이 감기는 것이 영혼의 매개에 의한 것이 전혀 아니라는 것을 보여주는 것이다. 왜냐하면 눈이 감기는 것은 영혼의 유일한 혹은 적어도 주요한 행위인 의지에 반하는 것이기 때문이다. 오히려 눈이 감기는 것은 눈을 향한 그 손의 운동이 뇌에서 눈꺼풀을 내리게 만드는 근육 안으로 동물 정기들을 이끌어 다른 운동을 일으킬 정도로 우리의 몸 기계가 잘 구성되어 있기 때문이다.[24]

[339]

---

24 여기서 무의지적 non volontaire 운동의 원인에 대한 첫 번째 설명이 이루어진다. 움직임은 신경이 우리에게 사물 안에서 다양성을 보게 하는 것만큼이나 다양한 방식으로 발생한다. 그래서 자극과 반응의 무의지적 의식이 있다고 제시하는 것이다. 14항에서 무의지적인 움직임의 다양성에 대한 두 번째 원인이, 그리고 16항에서 그 세 번째 원인이 언급된다.

14항 정기들 사이에 있는 다양성은 또한 정기들의 흐름도 다양하게 할 수 있다

동물 정기들을 근육 안으로 다양하게 이끄는 데 기여하는 다른 원인은 그 정기들의 불규칙한 동요와 그들 부분의 다양성에 있다. 왜냐하면 그들 부분의 일부가 다른 부분보다 더 굵어지거나 동요되었을 때, 정기들은 일직선으로 더 깊게 공동과 뇌의 기공 안을 지나가고, 마찬가지로 정기들이 힘을 덜 지니게 되면(힘이 없으면), 들어가려는 곳 외의 다른 근육으로 이끌리기 때문이다.[25]

15항 정기들이 다양한 원인은 어떤 것인가 [340]

그리고 이러한 불규칙은 정기들을 구성하는 다양한 물질(재료)에서 비롯할 수 있다. 포도주를 많이 마신 사람에게서 보이는 것처럼 포도주의 증기vapeurs[26]는 재빠르게 피로 들어가고 심장에서 뇌로 올라가는데, 뇌에서 포도주 증기는 정기들의 상태로 전환된다. 뇌에 있는 정기들은 평상시보다 더 강하고 풍부한 상태여서, 몸을 여러 이상한 방식으로 움직이게 할 수 있다. 또한 정기들의 이 불규칙은 심장, 간, 위, 장, 그리고 그 정기들의 생산에 기여하는 다른 모든 부분의 다양

---

25   무의지적인 움직임의 다양성에 대한 두 번째 원인은 정기 자체의 다양성인데, 다양성은 역시 정기의 재료와 기원에 의존한다.
26   머리를 자극하는 발산물이 있는 기운을 말한다.

한 상태에서 발생할 수 있다. 여기서 특히 심장의 근저에 삽입되어 있는 어떤 미세한 신경에 대해 주목해야 할 필요성이 있는데, 왜냐하면 이 신경이 공동의 입구를 늘리고 수축하는 데 이용되고, 이러한 방식으로 피는 심장에서 더나 덜 세게 팽창하면서 다양한 성향을 지닌 정기들을 생산하기 때문이다. 또한 다음에 대해서도 주목할 필요가 있다. 심장으로 들어가는 피는 몸의 다른 모든 부분에서 온다고 할지라도 이따금 어떤 한 부분에서보다 다른 한 부분에서 한층 더 밀려나는 일이 생기는데, 그 특정한 부분에까지 펼쳐진 신경과 근육은 심장을 한층 더 압박하거나 동요시키기 때문이다. 그래서 피를 가장 많이 보내는 부분의 다양성에 따라 피는 심장 안에서 다양하게 묽어지고, 이어서 다른 특성을 지니는 정기를 생산하게 된다. 이와 마찬가지로, 예를 들면 간 아랫부분[27]에서 나오는 피는 비장에서 나오는 피와는 다른 방식으로 심장에서 팽창한다. 그리고 후자의 피는 팔이나 다리의 혈관에서 나오는 것과 다르게 팽창하며, 또한 혈관에서 나오는 피는 음식물의 즙액이 위와 장에서 새로 나왔을 때 피가 간에 의해 심장까지 신속하게 지나가는 것과는 완전히 다르게 팽창한다.

[341]

---

27   담즙이 있는 부분이다.

16항 모든 사지는 영혼의 도움 없이 어떻게 감각 대상들과 정기
들에 의해 움직일 수 있는가

마지막으로 몸 기계는 다음과 같은 정도로 아주 잘 구성되어 있다는 것에 주목해야 한다. 정기들의 운동에 발생하는 모든 변화는 뇌의 어떤 기공이 다른 기공보다 더 열리게 할 수 있으며, 역으로 그 기공들 중의 하나가 감각에 사용되는 신경의 작용에 의해 평소보다 조금이라도 더 열리거나 덜 열리면, 그것은 정기의 운동에 어떤 변화를 일으키게 되고, 그 같은 작용을 계기로 하여 통상적으로 움직이는 방식으로 몸을 움직이게 하는 데 쓰이는 근육 안으로 정기를 이끌게 만든다. 그래서 의지가 관여하지 않는 모든 운동(흔히 발생하는 것처럼 숨쉬고, 걷고, 먹는 행위, 말하자면 동물과 공통되는 우리의 모든 행위)은 사지의 형태(구조)와 정기의 흐름에 의존할 뿐이다. 시계의 운동이 단지 태엽의 힘과 바퀴의 형태에 의해 생기는 것처럼, 심장의 열에 의해 생겨난 이 정기의 흐름은 자연스럽게 뇌, 신경, 근육으로 들어가는 것이다.[28]

[342]

---

28 비의지적 운동과 그 다양성의 세 번째 이유는 우리 몸의 구조와 몸의 기계적인 기능이다. 이것에 의해 호흡과 걸음의 자동운동 등이 설명된다. 데카르트가 감각에 소용되는 신경들의 역할을 인정하는 점을 염두에 둘 필요가 있다. 이와 같이 걸음의 자동운동은 감각에 의해 조절된다고 할 수 있다.

17항 영혼의 기능은 어떤 것들인가

몸에만 속하는 모든 기능을 앞서와 같이 고찰한 후,[29] 생각을 제외하고는 영혼에 부여해야 하는 것으로서 우리 안에 남아 있는 것은 아무것도 없다는 것을 아는 것은 쉬운 일이다. 생각은 주로 두 종류다. 즉 하나는 영혼의 작용이고, 다른 하나는 영혼의 정념(수동)이다. 내가 영혼의 작용이라고 부르는 것은 모든 의지인데, 우리는 의지가 영혼에서 직접적으로 오고 영혼에만 의존하는 듯이 보이는 것을 경험하기 때문이다.[30] 반대로 우리 안에서 발견되는 모든 종류의 지각이나 인식을 일반적으로 정념이라고 부를 수 있는 것은 영혼이 정념을 그 자체로 만드는 것이 아니라 정념에 의해 표상되는 것으로부터 정념을 받아들이기 때문이다.

---

29 데카르트는 7~16항까지 몸에 속하는 것들을 되짚고 18~26항까지 영혼에 속하는 것들을 검토한다. 이때 데카르트는 단지 자신의 정념 이론을 위해 유용한 점을 유념할 뿐이다. 그 때문에 영혼과 관련해서 이성적 인식과 관념 등에 대한 문제는 거의 다루지 않는다. 데카르트의 관심은 영혼의 다양한 상태에서 작용인 것과 정념인 것을 구분하는 것에 있을 뿐이다.

30 데카르트의 구분은 우리가 생각을 지니는 경험에 근거한다. 영혼은 그 자신에게 고유한 인과관계의 경험을 지닌다. 그러므로 영혼은 자신의 행위와 작용에서 오는 것(작용과 행위)과 영혼 안에서 외부 실재를 원인으로 하여 일어난 것(정념)을 쉽게 구분한다고 할 수 있다.

18항 의지에 대해

또한 의지도 두 종류다.[31] 왜냐하면 하나는 신을 사랑하기를 원할 때 또는 일반적으로 우리 생각을 전혀 물질적이지 않은 어떤 대상에 적용할 때처럼 영혼 자신 안에서 종료되는 영혼의 작용들이기 때문이다. 다른 하나는 단지 우리가 산책하려는 의지를 가질 때, 이에 이어서 다리가 움직이고 걷는 것같이 우리 몸 안에서 종료되는 작용들이다.[32]

[343]

19항 지각에 대해

지각도 두 종류다. 하나는 영혼을 원인으로, 다른 하나는 몸을 원인으로 갖는다. 영혼을 원인으로 갖는 것은 우리의 의지에 대한 지각 및 모든 상상 혹은 상상에 의존하는 그 외의 생각에 대한 지각이다. 왜냐하면 어떤 것을 원하고 있다고 지각하지 않고는 어떤 것도 원할 수 없다는 것은 분명하기 때문이다. 그리고 영혼에 비추어보아 어떤 것을 원한다는 것은 작용임에도, 또한 그것은 영혼 안에서 원하는 것을 지각하는 정념이라고도 할 수 있다. 그렇지만 그러한 지각과 의지는 실제로 동일한 것이고, 명칭은 항상 가장 고상한 것을 따라 만들

---

31 〈메르센에게 보내는 1641년 2월 28일 편지〉 참조.
32 여기서 데카르트는 다리를 움직이려는 의지가 아니라 걸으려는 의지를 말하고 있다. 실제로 의지는 행위의 유일한 목적에 영향을 미친다고 할 수 있다. 그리고 의지는 이 행위를 실현하기 위하여 자연에 의해 세워진 운동들을 촉발하기에 충분하다.《광학》과 《방법서설》 3부 참조.

1부 정념 일반과 부수적으로 인간 본성 전체에 대해 35

어지기 때문에 우리에게는 이러한 지각을 정념이라 부르지는 않고 단지 작용이라 부르는 습관이 있다.

[344] 20항 영혼에 의해 형성된 상상과 그 외의 생각에 대해

영혼이 황홀한 궁전이나 키메라를 마음속에 그리는 것처럼 존재하지 않는 어떤 것을 상상하는 데 전념할 때, 그리고 영혼이 단지 이해할 수만 있을 뿐 전혀 상상할 수 없는 어떤 것, 예를 들면 영혼의 고유한 본성을 고려하는 데 전념할 때 영혼이 그러한 것들에 대해 갖는 지각은 영혼이 그것들을 지각하게 만드는 의지에 특히[33] 의존한다. 그 때문에 우리는 그러한 지각을 정념보다는 작용으로서 고려하는 습관이 있다.

21항 몸만을 원인으로 하는 상상에 대해

몸에 의해 야기된 지각들 가운데 대부분은 신경에 의존한다. 그러나 또한 신경에 전혀 의존하지 않는 것이 있는데 그것은 상상이라고 불린다. [20항에서] 방금 말한 것이 그와 같은 것이다. 그렇지만 이것[지금 말하는 것]은 의지가 그 상상을 형성하는 데 전혀 쓰이지 않는다는 점

---

33 '특히'라는 점에 주의할 필요가 있다. 데카르트에 따르면 키메라에 대한 생각의 일부는 신체적 상상에 의존하고, 또 다른 일부는 기억에 호소한다. 그리고 가지적인 대상에 대한 생각은 그 대상의 본성에 달려 있다.

에서 다른데,[34] 이로 인해 그 상상(몸을 원인으로 하는 상상)은 영혼의 작용으로 셈해질 수 없게 되는 것이다. 그리고 그 상상은 단지 다양하게 동요되고 뇌 안에서 선행했던 다양한 인상의 흔적을 만나는 정기들이 다른 기공보다 어떤 한 기공에 의해 우연히 흐름을 취하는 것에서 생길 뿐이다. 꿈의 환영과 우리가 깨어 있을 때 흔히 갖게 되는 몽상이 그런 것인데, 그것들은 우리 생각이 자신에게 전념함이 없이 무관심하게 이리저리 옮겨갈 때다.[35] 그런데 더 고유하고 특별한 의미로 정념이라는 말을 취한다면, 이러한 상상들의 일부는 영혼의 정념이고 또 그와 같이 불릴 수 있을지라도, 정념이란 말을 더 일반적 의미에서 취한다면 상상은 모두 영혼의 정념이라 불릴 수 있다. 어쨌든 상상은 영혼이 신경들의 매개에 의해 받아들이는 지각들처럼 아주 두드러지고 결정적인 원인을 가지고 있지 않고 단지 그림자와 그림peinture에 지나지 않아 보이기 때문에, 그러한 상상들을 잘 구별할 수 있기 전에 우선 그 지각들 안에 있는 차이를 고려할 필요가 있다.

[345]

22항 그 외의 지각들 안에 있는 차이에 대해

아직 설명하지 않은 모든 지각들은 신경의 매개[36]에 의해 영혼에 온

---

34 황홀한 궁전에 대한 상상은 그것이 의지적이라면 작용이고 그것이 꿈이나 몽상에 의한다면 정념이다.
35 생각을 본질로 갖는 영혼이 자기 자신에 대한 의식 없이 대상에 대한 생각에 전념하는 것을 말한다.
36 〈엘리자베스에게 보내는 1645년 10월 6일 편지〉 참조.

다. 그리고 그 지각들에는 다음과 같은 차이가 있다. 즉 그 지각들의 일부는 감각을 자극하는 외부 대상에 연관되고, 다른 일부는 몸이나 몸의 어떤 부분에 연관되며, 마지막으로 또 다른 일부는 영혼에 연관된다.[37]

[346] 23항 외부에 있는 대상과 연관된 지각

외부에 있는 사물에 연관된 지각, 즉 감각 대상에 대한 지각은 적어도 우리 견해가 조금도 오류가 아니라면[38] 그 대상에 의해 야기된다. 그 대상은 외적 감각기관 안에서 어떤 운동을 일으키면서 또한 신경의 매개에 의해 뇌 안에서 운동을 일으키고, 영혼이 그 대상을 느끼게 만든다. 따라서 우리가 횃불의 빛을 보고 종소리를 들을 때 이 소리와 빛은 서로 다른 두 가지 작용인데, 이 두 작용은 오직 자신에 의해 신경의 어느 부분에서 서로 다른 두 운동을 일으키고 그로써 뇌 안에서 영혼에 두 가지의 다른 감정sentiment을 준다. 이 두 감정이 그 감정의 원인이라고 가정되는 주체들과 연관되는 만큼, 단지 대상들에서 오는 운동을 느끼고 있다고 생각하는 것이 아니라 횃불 자체를 보고 있고 종소리를 듣고 있는 것이라고 생각하는 것이다.

---

[37] 여기서 새로운 분류의 원리가 보인다. 문제가 되는 모든 상태는 실제로 동일한 원인(신경 운동)을 지닌다. 그러나 상태들은 우리에 의해 결부되는 것에서 구분된다. 다시 말하면 자발적 판단에 의해 외부 대상, 몸, 영혼에 각기 결부되어 구분되는 것이다.

[38] 감각적 지각은 외부 대상의 이미지가 아니라 그 대상에 의해 야기된 것이다.

24항 몸에 연관된 지각

몸이나 몸의 어떤 부분과 연관된 지각들은 배고픔, 갈증, 그리고 다른 내적 욕구의 지각이다. 여기에 고통, 열, 그리고 외부에 있는 대상 안에 있는 것처럼 느껴지는 것이 아니라 사지 안에 있는 것처럼 느껴지는 그 외의 상태들 affections을 덧붙일 수 있다. 이처럼 동일한 신경의 매개에 의해 손의 차가움과 손이 가까이 가는 불의 뜨거움을, 또는 반대로 손의 뜨거움과 손에 노출된 공기의 차가움을 느낄 수 있는데, 손에 있는 뜨거움과 차가움을 느끼게 만드는 작용과 외부에 있는 것을 느끼게 만드는 작용 사이에는, 그 작용 중 하나가 다른 작용에 뒤따른다는 것을 제외하고는 어떤 차이도 없다. 첫 번째 것은 이미 우리 안에 있고 뒤따르는 것은 아직 우리 안에는 없으나 그것을 야기하는 대상 안에 있다고 판단된다.

[347]

25항 영혼에 연관된 지각

단지 영혼에만 연관된 지각은 그 효과를 영혼 자체에서처럼 느끼고, 연관시킬 수 있는 어떤 가까운 원인도 보통 알지 못하는 지각이다.[39] 기쁨, 화, 또한 이와 유사한 느낌이 그런 것인데, 그것은 우리 안에서 때때로 신경을 움직이게 하는 대상에 의해서 일어나며, 때때로 다른

---

39 그러므로 정념은 우리가 원인을 알지 못하는 지각으로서 그 원인이 영혼 자체라고 믿는 것은 잘못된 것이라 할 수 있다.

[348] 원인에 의해서도 역시 일어난다. 그런데 모든 지각이 외부에 있는 대상과 연관된 지각이고 몸의 다양한 상태에 연관된 지각인 만큼, 정념이라는 단어를 가장 일반적인 의미에서 사용한다면, 모든 지각이 영혼에 비추어보아 진정으로 정념이라 하더라도, 우리는 단지 영혼 자체(자신)에만 연관되는 지각으로 정념의 뜻을 축소하는 경향이 있다. 그리고 내가 여기서 영혼의 정념들이라는 제목으로 설명하고자 시도했던 것은 단지 이 후자뿐이다.[40]

26항 정기의 우연한 운동에만 의존하는 상상은 신경에 의존하는 지각만큼 진정한 정념일 수 있다

영혼이 신경의 매개에 의해 지각하는 모든 것들은 정기의 우연한 흐름에 의해서도 역시 영혼에 나타날 수 있다는 것을 주목하는 것이 남

---

40 17~25항에서 주어진 분류는 다음과 같이 도식적으로 나타낼 수 있다.(*The Philosophical writings of Descartes* I, translated by J. Cottingham, R. Stoothoff, D. Murdoch, Cambridge University Press, 1985, p. 338)

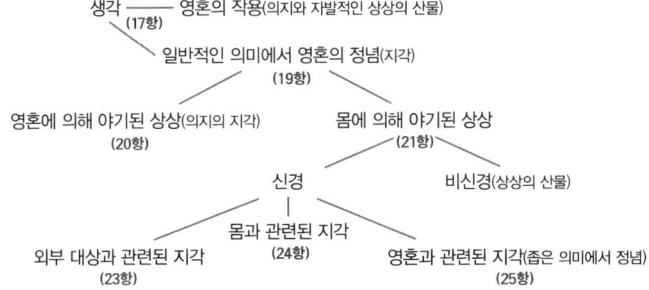

아 있다. 신경에 의해 뇌 안에 생기는 인상은 정기가 뇌에서 일으키는 인상보다 더 생생하고 활력이 넘치는 습관을 지닌다는 것을 제외하고는 〔둘 사이에〕 다른 차이가 없다. 이로 인해 21항에서 이러한 인상이 다른 것의 그림자나 그림이라고 말했던 것이다. 또한 그 그림과 그 그림이 표상〔재현〕하는 사물이 아주 유사한 일이 때때로 일어나서, 외부에 있는 대상에 연관된 지각이나 몸의 어떤 부분에 연관된 지각에 대해서 오류를 범할 수 있다는 것에 주목할 필요가 있다. 그러나 정념에 대해서는 이 같은 방식으로 오류를 범할 수는 없는데, 정념이 영혼에 아주 가깝고 밀접히 있어서 영혼이 그 정념을 느끼고 있기 때문에 진정으로 그 정념이 있지 않다면 영혼이 그 정념을 느끼는 것은 불가능하기 때문이다. 이처럼 흔히 잠잘 때나 때때로 깨어 있을 때조차도, 어떤 것이 전혀 거기에 있지 않지만 아주 강하게 우리 자신 앞에 있어서 그것을 보고 있다고 생각하거나 몸 안에서 그것을 느끼고 있다고 상상하게 된다. 그러나 잠들어 있고 꿈을 꾸고 있을 때라도 영혼이 정말로 이 정념을 자신 안에 지니고 있지 않다면, 슬픔을 느끼거나 다른 어떤 정념에 의해 감동할 수 없다.⁴¹

[349]

---

41 정념의 주관적 특성은 그 원인에 대해 오류를 범할 수는 있어도 그 존재에 대해서는 오류를 범할 수 없게 한다. 정념의 분명함은 코기토 cogito의 분명함에 참여한다. 내가 슬픔을 느끼면, 나의 슬픔은 거짓된 이유에 근거를 둘 수도 있고 또한 나는 신체적 원인들에 대해서도 무지할 수 있다. 그러나 내가 슬프다는 것은 확실한 것으로 남는다.

27항 영혼의 정념에 대한 정의

영혼의 정념이 다른 모든 생각과 어떤 점에서 다른지를 검토한 후이므로, 정념을 영혼의 지각이나 감정 또는 동요라고 일반적으로 정의할 수 있고,[42] 또한 정념이 영혼에 특별히 연관되어 있으며 정기의 어떤 운동에 의해 야기되며 유지되고 강화되는 것으로 보인다.[43]

28항 이 정의의 첫 부분에 대한 설명

정념은 지각이라고 부를 수 있는데, 그것은 영혼의 작용이나 의지가 아닌 모든 생각을 의미하기 위해 일반적으로 이 단어를 사용할 때다. 그러나 단지 분명한(명백한) 인식만을 의미할 때는 사용하지 않는다. 왜냐하면 경험상 정념에 의해 가장 흥분된 이가 정념을 더 잘 알고 있는 이가 아님을 알며, 정념은 영혼과 몸 사이의 긴밀한 결합에 의해 애매해지고 모호해진 confuses et obscures 지각[44]의 수효 nombre라는 것을 알 수 있기 때문이다. 또한 정념을 감정이라고 부를 수 있는데, 정념이 영혼 안에서 외적 감각 대상과 같은 방식으로 받아들여지며 영혼에 의하지 않는 다른 방법으로는 알려지지 않기 때문이다. 그러

[350]

---

42 영혼의 정념에 대한 정의의 전반부에 해당한다.(이 책 28항 참조)
43 영혼의 정념에 대한 정의의 후반부에 해당한다.(이 책 29항 참조)
44 구별되고 뚜렷한 지각, 즉 명석 판명한 claire et distinct 지각에 대립되는 것이라 할 수 있다.

나 정념은 영혼의 동요émotions[45]라고 부르는 편이 더 나은데, 이 이름이 영혼 안에서 일어나는 모든 변화, 다시 말해 영혼에 오는 모든 다양한 생각에 부여될 수 있기 때문만이 아니라, 무엇보다도 영혼이 가질 수 있는 모든 종류의 생각에 비해 정념만큼 아주 강하게 영혼을 동요시키고 자극하는 다른 것이 전혀 없기 때문이다.

29항 정의의 나머지 부분에 대한 설명

한편으로 향기, 소리, 색깔처럼 외적 대상에 연관되는 감정 및 다른 한편으로는 배고픔, 갈증, 고통처럼 몸에 연관되는 다른 감정으로부터 정념을 구분하기 위해 정념이 특히 영혼과 연관된다는 점을 덧붙이고자 한다. 그리고 정념은 정기의 어떤 운동에 의해 야기되고 유지되며 강화된다는 점도 덧붙이고자 하는데, 이것은 의지—영혼 자신에 의해서 야기되지만 영혼에 연관된 영혼의 동요라 불리기도 하는—와 정념을 구분하기 위해서이며, 또한 다른 감정으로부터 정념을 구분해주는 정념의 궁극적이고 가장 밀접한 원인을 설명하기 위해서다.[46]

---

45 정념을 영혼의 동요로 간주하는 것은 우리가 흔히 "마음이 동요한다"라고 표현할 때와 비교할 수 있겠다.
46 정념에 대한 27~29항의 정의는 다음을 염두에 둔다면 이해하기 쉽다. 즉 데카르트가 매번 앞선 장르를 두 종류로 구분하고 있다는 것이다. 우선 우리의 생각은 작용과 정념(지각인 수동적 생각)으로 구분된다. 이어서 지각은 지성의 분명한 지각과 영혼과 몸의 결합에 의한 혼동된 지각으로 구분된다. 이것이 감정이다. 감정은 비감정적이면서

[351] 30항 영혼은 몸의 모든 부분에 공동으로 conjointement[47] 결합되어 있다

그러나 이 모든 것을 더 완벽하게 이해하기 위해서는 실제로 영혼이 몸 전체에 결합[48]되어 있지 다른 부분을 배제하는 몸의 어떤 한 부분에 있다고는 엄밀한 의미에서 말할 수 없다는 것을 알 필요가 있다. 몸은 하나이고 어떻게 보면 분할 불가능하기 때문이다. 몸의 기관은 서로 아주 긴밀히 배치되어 있어서 어떤 한 부분이 제거되면 몸 전체에 결함이 생긴다. 그리고 영혼은 연장이나 크기, 또는 몸을 구성하는 질료[물질]의 다른 속성과 어떤 연관도 가지지 않고 단지 기관의 집합 전체에만 연관을 갖는 본성이기 때문이다. 영혼의 반쪽이나 3분의 1, 또는 영혼이 차지하고 있는 어떤 연장도 받아들일 수 없듯이, 영혼은 몸의 어떤 부분을 자른다고 해도 더 작아지지 않지만 기관의 집합을 와해시킨다면 몸에서 완전하게 분리된다.

외부 물체에 연관되거나(이것은 감각, 느낌이다) 감정적이다. 감정적 감정은 우리 몸과 연관되거나 (고통과 같이) 영혼에 연관되는데, 이러한 것이 정념이다.

47 어느 특정한 한 부분의 결합이 아니라 전체가 결합되어 있다는 것을 강조하는 것이다.
48 데카르트는 몸이 영혼에 형상을 부여한다고 주장한다.(《정신 지도를 위한 규칙들》 AT XI, 411; 《철학의 원리》 IV, 189항 등 참조) 그러나 데카르트는 영혼을 몸과 구분한다. 이러한 상황에서 영혼이 몸의 형상이라고 주장하는 것은 받아들이기 어려워 보인다고 할 수 있다. 따라서 데카르트는 형상이라는 개념을 사용하기보다는 영혼이 몸 전체에 결합되어 있다고 주장한다.

31항 뇌 안에는 작은 샘이 있는데 영혼은 다른 곳에서보다 더 특별히 샘 안에서 기능을 실행한다

영혼이 몸 전체에 결합되어 있을지라도, 다른 부분보다 더 특별하게 영혼이 기능을 실행하는 어떤 부분이 몸에 있다는 것을 아는 것 또한 [352] 필요하다. 그리고 보통 이 부분을 뇌나 심장일 것이라고 믿는다. 뇌라고 믿는 이유는 감각기관이 연관되는 곳이 바로 뇌이기 때문이고, 심장이라고 믿는 이유는 우리가 정념을 심장 안에 있는 것처럼 느끼기 때문이다. 그러나 문제 사항을 주의 깊게 검토했기 때문에, 영혼이 즉각적으로 기능을 실행하는 몸의 부분은 심장도 아니고 뇌 전체도 아니나 단지 아주 작은 샘glande[49]이 있는 뇌의 가장 깊숙한 내부라는 것을 분명하게 인정해야 하는 듯이 보인다. 그 아주 작은 샘은 〔뇌〕 물질의 중심에 위치하고, 도관 위에 아주 잘 걸려 있어서 공동의 앞선〔이전〕 정기는 이후의 정기와 상호소통을 한다. 샘 안에 있는 최소의 운동은 정기의 흐름을 바꾸기 위해서 많은 것을 할 수 있으며, 반대로 정기의 흐름에서 일어나는 최소한의 변화도 이 샘의 운동을 바꾸기 위해서 많은 것을 할 수 있다.

---

49 보통 송과선이라고 불리는 것이다.

32항 샘이 영혼의 가장 주된 자리라는 것을 어떻게 아는가

영혼이 몸 전체에서 이 샘 외에 즉각적으로 기능을 실행하는 다른 어떤 장소도 가질 수 없다는 것을 확신하는 이유는 다음과 같다. 나는 뇌의 다른 부분이 우리가 두 눈, 두 손, 두 귀를 가지고 있는 것처럼 역시 모두 이중(쌍)이고, 나아가 외부 감각의 모든 기관도 이중이라는 것을 주시한다. 그리고 어떤 사물에 대해서는 어떤 때든 하나의 단순한 생각만을 갖게 된다. 따라서 두 눈을 통해 오는 두 이미지나 다른 감각기관의 쌍을 통해 오는 두 개의 인상이 영혼에 도달하기 전에 하나의 인상으로 합쳐져서 그 대상을 두 개가 아니라 하나로 표상하도록 할 수 있는 어떤 장소가 필연적으로 있어야 한다는 것을 주시한다. 그리고 그 두 이미지나 그 밖의 두 인상이 뇌의 공동을 채우고 있는 정기의 매개에 의해 이 샘에서 합류(집결)한다는 것을 쉽게 이해할 수 있다.[50] 그러나 이 샘에서 합류되는 결과를 제외하고는, 그 이미지나 인상이 그처럼 합류될 수 있는 몸 안의 또 다른 장소는 없다.

[353]

33항 정념의 자리는 심장이 아니다

영혼이 심장에서 정념을 받아들인다고 생각하는 이들의 견해[51]에 대

---

50 32항과 35항에 따르면, 정기는 송과선까지 신경망의 작용을 연장하고 감각의 마지막 단계가 이루어지도록 하며 뇌 속을 채우는 역할을 하는 것으로 보인다.
51 이것이 일반적인 견해이고 아리스토텔레스학파와 스토아학파에서도 같은 주장을 한다.

해서 말하자면, 그것은 조금도 고려할 가치가 없다. 왜냐하면 단지 그 견해는 정념이 우리로 하여금 심장에서 어떤 변질altération을 느끼게 한다는 데 근거할 뿐이기 때문이다. 그리고 이렇게 변질을 느끼는 것은 뇌에서 심장으로 내려오는 미세한 신경의 매개에 의한 것이라는 점을 주목하는 것은 쉬운 일이다. 그와 같은 방식으로 고통은 발 신경의 매개에 의해 발 안에 있는 것처럼 느껴지고, 별은 그 빛과 시신경의 매개에 의해 마치 하늘에 있는 것처럼 지각된다. 그래서 별을 보기 위해 영혼이 하늘에 있어야 할 필요가 없는 것과 마찬가지로, 정념을 느끼기 위해서 영혼이 심장 안에서 그 기능을 즉각적으로 실행해야 할 필요는 없는 것이다.

[354]

34항 영혼과 몸은 서로 어떻게 작용하는가

그러므로 여기서 영혼은 그의 가장 주된 자리를 뇌 가운데 있는 작은 샘 안에 지니고 있다는 것을 받아들이자. 거기서부터 영혼은 정기, 신경, 그리고 심지어 피의 매개에 의해 몸의 나머지 모든 부분으로 뻗어나가며, 피는 정기의 인상에 가담하면서 인상을 동맥을 통해 모든 사지로 운반할 수 있다. 그리고 위에서 몸 기계에 대해서 말했던 것을 기억하면, 신경섬유는 몸의 모든 부분에 분포되어 있어서 감각적 대상에 의해 몸에서 다양한 운동이 생겨나는 경우에 뇌의 기공을 다양하게 열고, 이를 통해 그 공동에 내포된 동물 정기가 근육 안으로 다양하게 들어가게 만들며, 이로써 동물 정기는 몸이 움직일 수

[355] 있는 모든 다양한 방식으로 사지를 움직이게 만들 수 있다. 또한 정기를 다양하게 움직이게 할 수 있는 모든 다른 원인은 정기를 다양한 근육으로 이끌기에 충분하다. 여기서 덧붙이자면, 영혼의 주된 자리인 작은 샘은 그 정기를 함유하는 공동들 사이에 너무나 잘 매달려 있어서, 대상 안에 감각적 다양성이 있는 것만큼이나 정기에 의해 다양한 방식으로 움직여질 수 있다. 그러나 작은 샘은 영혼[52]에 의해서도 역시 다양하게 움직여질 수 있다. 영혼은 그 작은 샘에서 다양한 운동이 일어나는 정도로 다양한 인상을 자신 안에 받아들이는 그런 본성을 지닌다. 또한 반대로 몸 기계는 아주 잘 조립되어 있기 때문에, 이 샘은 영혼이나 또 달리 있을 수 있는 그런 원인에 의해 다양하게 움직여짐으로써 뇌의 기공 부근을 향해 자신을 둘러싸고 있는 정기를 밀어낼 수 있고, 또한 그 정기를 신경을 통해 근육으로 이끌며, 이로써 사지를 움직이게 만든다.

35항 대상의 인상이 뇌 중간에 있는 샘에서 합류하는 방식의 예

예를 들어 어떤 동물이 우리를 향해 오고 있는 것을 보게 된다면, 동물의 몸에서 반사된 빛은 우리 두 눈에 각각 하나씩, 두 이미지를 그린다. 그리고 이 두 이미지는 시신경의 매개에 의해 공동에 관련되는

---

[52] 데카르트는 이와 같이 영혼과 몸의 이해할 수 없는 관계를 끌어들인다. 송과선은 몸에 있는 정기와 영혼에 의해 움직여질 수 있다. 그것의 운동은 이중 인과관계(물질적이고 정신적인 관계)에 의존한다.

뇌의 내부 표면에 다른 두 가지를 형성한다. 그로 말미암아 그 이미지들은 공동을 채우고 있는 정기의 매개에 의해서 정기가 둘러싸고 있는[53] 작은 샘을 향해 방사된다. 그래서 이미지들 가운데 한쪽 이미지의 어느 한 점point을 구성하는 운동은 다른 이미지에서 그와 동일한 점을 구성하는 운동과 함께 샘의 동일한 점으로 향한다. 이 방법으로 뇌 안에 있는 두 이미지들은 샘 위에 단 하나의 이미지만을 형성하는데, 이 이미지가 영혼에 직접 작용해서 동물의 모습을 보게 만든다.

[356]

36항 정념이 영혼 안에서 일어나는 방식의 예

이에 덧붙여 그 (동물의) 모습이 아주 이상하고 무시무시하다면, 다시 말해 이전에 몸에 해로웠던 것과 많은 관련을 갖는다면, 그것은 영혼 안에 두려움의 정념을, 이어서 대담함의 정념이나 무서움과 견디기 힘듦의 정념을 일으키게 된다. 이는 몸의 다양한 기질이나 영혼의 힘에 따른 것이며, 또한 현재 인상과 관련된 해로운 것에 방어하거나 그것으로부터 도망침으로써 대응했던 과거의 경험에 따른다.[54] 어떤 사람들에게서 그 모습은 아주 잘 배치된 뇌를 만들기 때문에, 샘 위에 그와 같이 형성된 이미지에서 반사된 정기들의 일부는 회피하기 위

---

53 32항의 주 참조.
54 데카르트는 정념을 설명할 때 과거의 영향을 개입시킨다.

[357] 해 등을 돌리고 다리를 움직이는 데 사용되는 신경으로 가게 되고, 또 다른 일부는 심장의 입구를 아주 넓히거나 축소하는 신경으로, 또 아니면 피를 심장으로 전달하는 몸의 다른 부분을 심하게 동요시키는 신경으로 가게 된다. 이때 이 피는 평상시와 다른 방식으로 희박하게 되어 두려움의 정념을 유지하고 강화하기에 적합한 정기를, 즉 앞서와 같은 신경으로 정기들을 운반하는 뇌의 기공들을 또 다시 열거나 연 채로 유지하는 데 적합한 정기를 뇌로 보낸다. 왜냐하면 단지 그 정기가 그 기공 안으로 들어감으로써 정기는 이 샘 안에서 특별한 운동을 일으키게 되기 때문인데, 이 운동은 영혼이 정념을 느끼도록 하기 위해서 자연이 설립한 것이다. 그리고 이 기공은 특히 심장의 입구를 조이거나 확대하는 데 사용되는 미세 신경과 연결되어 있기 때문에 영혼은 정념이 주로 심장 안에 있는 것처럼 느끼게 되는 것이다.

37항 어떻게 모든 정념은 정기의 어떤 운동에 의해 일어나는 것 같은가

이것은 그와 비슷한 일이 다른 모든 정념에서 일어나기 때문이다. 즉 정념은 특히 뇌의 공동 안에 있는 정기에 의해 야기되며, 정기가 신경으로 향하게 되는 한에서 신경은 심장의 입구를 확대·축소하거나 다른 부분에 있는 피를 심장으로 다양하게 밀어내며, 또는 다른 어떤 방식으로든 동일한 정념을 유지하는 데 쓰인다. 이 점에서 왜 앞서

정념에 대한 정의를 내릴 때 정념이 정기의 어떤 특별한 운동에 의해 야기된다고 했는지 분명하게 이해할 수 있다.

38항 정념을 동반하고 영혼에 전혀 의존하지 않는 몸 운동의 예 [358]

게다가 이 정기가 심장의 신경으로 흐르게 되면 영혼 안으로 두려움을 넣는 샘의 운동을 충분히 만들 수 있게 된다. 이와 마찬가지로 도망가기 위해 다리를 움직이는 신경을 향한 또 다른 어떤 정기의 동시적인 운동은 같은 샘이 (앞서와는) 다른 방식으로 움직이도록 하며, 이로 인해 영혼은 도망을 느끼고 지각한다. 이런 방식으로 도망은 영혼의 도움 없이 오직 기관들의 배치에 의해서 몸에서 일어날 수 있다.

39항 어떻게 같은 원인이 서로 다른 사람 안에서 서로 다른 정념을 일으킬 수 있는가

무시무시한 대상의 출현으로 인해 샘에 만들어져서 어떤 사람 안에서는 두려움을 일으키는 같은 인상은 다른 사람 안에서는 용기와 대담함을 일으킬 수 있다. 그 이유는 모든 뇌가 같은 방식으로 배치되어 있지 않고, 어떤 사람 안에서 두려움을 불러일으키는 샘의 동일한 운동이 다른 사람 안에서는 정기가 뇌의 기공으로 들어가도록 하는

[359] 데 있다. 이 뇌 기공의 일부는 방어하기 위해 손을 움직이는 데 사용되는 신경으로 정기를 이끌고, 기공의 또 다른 일부는 이 방어를 지속하고 거기에서 의지를 지탱하는 데 적합한 정기를 생산하기 위해서 피를 동요시켜 심장으로 이끄는 신경으로 정기를 동요시키고 밀어낸다.

40항 정념의 주요한 효과는 어떤 것인가

왜냐하면 우리 안에서 나타나는 모든 정념의 가장 주요한 효과는 정념이 몸에 준비시킨 것을 영혼이 원하도록 영혼을 자극하고 배치하는 데 있다는 것을 주목할 필요가 있기 때문이다. 그래서 두려움의 느낌은 영혼에게 도망가기를 원하도록 자극하고, 대담함의 느낌은 싸우기를 원하도록 자극하며, 다른 것들도 그와 같다.

41항 몸에 비추어보아 영혼의 힘은 어떤 것인가

그러나 의지는 본성상 너무나 자유로워서 결코 속박될 수 없다.[55] 그리고 내가 구분했던, 영혼 안에서의 생각의 두 종류 가운데 하나는 영혼의 작용, 즉 의지이고, 다른 하나는 영혼의 정념인데, 이 단어를

---

55 영혼은 자유롭고 절대 구속되지 않는다. 영혼은 전적인 선택의 자유를 갖는다.

가장 일반적인 의미에서 취하면 영혼의 정념은 지각의 모든 종류를 포함한다. 전자는 절대적으로 영혼의 힘〔능력〕안에 있고, 몸에 의해서는 간접적인 경우를 제외하고는 바뀔 수 없다. 반대로 후자는 절대적으로 그것을 생산하는 작용에 의존하며, 영혼 그 자신이 정념의 원인[56]일 때를 제외하고, 또한 간접적인[57] 경우를 제외하고는 영혼에 의해서는 바뀔 수 없다. 그리고 영혼의 모든 작용은, 영혼이 어떤 것을 원함으로써 긴밀하게 결합된 작은 샘이 그 의지에 연관된 효과를 만들도록 움직이게 하는 데 있다.

[360]

42항 회상하고 싶어 하는 것을 어떻게 기억에서 찾아내는가

영혼이 어떤 것을 회상하고 싶어 할 때,[58] 이 의지는 샘이 연달아 여러 측면으로 구부리면서 우리가 회상하기를 원하는 대상이 남긴 흔적이 있는 장소를 만날 때까지 뇌의 다양한 장소로 정기를 밀어내게 한다. 왜냐하면 이 흔적은 뇌의 기공 외에 다른 것이 아니고, 정기는 예전에 어떤 한 기공을 통해서 그 대상의 현재로부터 흐름을 취했던 것이어서, 그 기공은 정기가 그와 동일한 방식으로 다시 흘러갈 때 다른 기공보다 더 쉽게 열리도록 만들어지기 때문이다. 그래서 그 정기

---

56   데카르트에 따르면 우리의 자유에 완전하게 의존하는 정념이 있다. 예를 들면 신에 대한 사랑, 지적 기쁨 등이다.
57   간접적이라는 것이 의미하는 것은 작은 샘, 즉 송과선의 매개에 의한다는 것이다.
58   데카르트는 의지적으로 회상하게 하는 것의 예를 드는데, 그 이유는 정념에 대한 영혼의 힘을 말하기 전에 모든 조건들을 제시하기 위한 것이다.

는 다른 기공보다 그 기공을 만나면서 더 수월하게 안으로 들어간다. 이런 방법으로 정기는 특별한 운동을 샘에서 일으키며, 이 운동은 영혼에게 같은 대상을 표상하고, 영혼에게 그것이 영혼이 회상하기를 원했던 것이라는 것을 인식하게 한다.[59]

[361] **43항 어떻게 영혼은 상상하고, 주의를 기울이고, 몸을 움직이게 할 수 있는가**

이전에 본 적이 없는 어떤 것을 상상하고 싶어 하게 될 때 의지는 정기를 뇌의 기공으로 밀어내는 데 필요한 방식으로 샘을 움직이게 하는 힘을 지닌다. 이 기공이 열림으로써 그 사물은 나타나게 될 수 있다. 이처럼, 어떤 시간에 어떤 특정한 사물에 대해 우리의 주의를 기울이고 싶을 때, 그 시간 동안 의지는 그 특정한 방향으로 샘이 기운 채 있도록 한다. 결국 걷거나 또는 어떤 다른 방식으로 몸을 움직이고 싶을 때, 의지는 샘이 그 효과를 초래하는 근육으로 정기를 밀어내도록 한다.

---

59 데카르트는 기억(회상)을 두 종류로 구분한다. 하나는 몸의 기억이고, 다른 하나는 정신(혹은 영혼)의 기억이다.

44항 각 의지는 샘의 특정한 운동에 자연적으로 결합해 있지만, 부지런함이나 습관에 의해 샘의 다른 운동에 결합할 수 있다.

그렇기는 하지만 우리 안에서 어떤 운동이나 그 운동을 일으킬 수 있는 어떤 다른 효과를 가져오는 것이 항상 의지는 아니다. 그러나 그것은 자연이나 습관이 샘의 각 운동을 각 생각에 다양하게 결합시키는 것에 따라 바뀐다. 이처럼 예를 들면 아주 멀리 있는 대상을 관찰하려고 눈을 준비(배치)하고자 한다면, 그 의지는 눈동자를 확장한다. 그리고 눈을 아주 가까운 대상을 관찰하는 데 준비시키고자 한다면, [362] 그 의지는 눈동자를 수축하도록 만든다. 그러나 눈동자를 확장하려고 단지 생각만 한다면, 의지를 갖고 있어도 그런 식으로는 전혀 눈동자를 확대하지 못한다. 왜냐하면 자연은 눈동자를 확장하거나 축소하는 데 필요한 방식으로 시신경을 향해 정기를 밀어내는 샘의 운동을, 눈동자를 확장하거나 축소하려는 의지와 결합시키지 않고, 오히려 먼 사물이나 가까운 사물을 바라보려는 의지와 결합시켰기 때문이다. 그리고 어떤 언사를 큰 소리로 내뱉기 위한 모든 방식으로 혀와 입술을 움직이고자 할 때보다, 그와 동일한 언사를 하면서 말하고자 하는 것의 의미를 단지 생각만 할 때 훨씬 더 민첩하고 많이 혀와 입술을 움직이게 된다. 왜냐하면 말하기를 배우면서 얻게 된 습관은, 샘의 매개를 통해 혀와 입술을 움직이게 하는 영혼의 작용을 운동 자체보다 그 운동에 뒤따르는 언사의 의미와 결합하도록 만들었기 때문이다.

45항 정념에 비추어보아 영혼의 힘은 어떤 것인가

또한 정념은 의지의 작용에 의해서 직접적으로 일어나거나 사라질 수도 없다. 그러나 정념은 우리가 갖기를 원하는 정념과는 보통 결합되는 습관을 갖고 있고 우리가 거부하고 싶어 하는 정념과는 대립하는 사물의 표상에 의해서 간접적으로 일어나거나 사라질 수 있다.[60]
[363] 이처럼 자신 안에 대담함을 일으키고 두려움을 없애기 위해서는 의지를 갖는 것만으로는 불충분하다. 그러나 위험이 크지 않다는 것을 납득시켜주는 이유나 대상 또는 예시, 예를 들면 도망보다는 방어가 항상 더 안전하다는 것, 도망가면 단지 후회와 수치가 기다릴 뿐인 대신에 정복의 영광과 기쁨을 가질 것이라는 것과 같은 것들을 고려하는 데 전념할 필요가 있다.

46항 영혼이 정념을 전적으로 마음껏 처분할 수 없게 방해하는 것은 어떤 것인가

영혼이 자신의 정념을 신속하게 바꾸거나 멈추게 할 수 있는 것을 방해하는 특별한 이유가 한 가지 있는데, 그것은 정념에 대한 앞선 정의에서 정념이 정기의 어떤 특별한 운동에 의해서 일어날 뿐만 아니라 또한 유지되고 강화된다고 기록할 구실을 제공했다. 그 이유는 정

---

[60] 의지는 몸을 지배하는데, 운동에 대해 직접적으로 작용해서가 아니라 영혼의 생각들을 지휘하면서 지배한다.

넘이 심장에서, 그리고 결과적으로 피와 정기 모두에서 만들어지는 어떤 동요[61]를 거의 모두 동반한다는 데 있다. 그래서 이 동요가 멈출 때까지, 정념은 감각 대상이 감각기관에 대해 작용하는 동안에 우리의 생각에 현재해 있는 것과 같은 방식으로 우리 생각에 현재한 채로 있다. 그리고 영혼은 어떤 다른 사물에 아주 주의를 집중함으로써 작은 소음을 듣지 못하거나 작은 고통을 느끼지 못하게 될 수 있지만, 그와 같은 방식으로 천둥소리를 듣지 못하거나 손을 델 정도의 불을 느끼지 못하게 될 수 없다. 이처럼 영혼은 사소한 정념은 쉽게 극복할 수 있지만 가장 격렬하고 강한 정념은 피와 정기의 동요가 수그러든 후가 아니면 쉽게 극복할 수 없다. 그 동요가 격렬한 상태에 있는 동안 의지가 할 수 있는 최상의 일은 동요의 효과에 동의하지 않고, 그 동요가 몸을 마음대로 배치시키는 몇 가지 운동을 제지하는 것이다. 예를 들면 화가 때리기 위해 손을 들게 한다면, 보통 의지는 손을 제지할 수 있다. 두려움이 다리를 도망가도록 하면, 의지는 다리를 멈추게 할 수 있고, 또 다른 경우도 마찬가지다.

[364]

47항 흔히 영혼의 상부와 하부 사이에서 발생한다고 생각되는 투쟁은 무엇인가

그리고 감각적이라 부르는 영혼의 하부와 이성적이라 부르는 영혼

---

61 앞서 정념에 대한 정의에서 데카르트가 정념을 영혼의 동요로 정의할 수 있다고 한 것을 말하는 것이다.

의 상부 사이, 혹은 자연적 욕구와 의지 사이에 있다고 흔히 상상하는 모든 투쟁은 정기에 의한 몸과 의지에 의한 영혼이 샘에서 동시에 불러일으키는 경향이 있는 운동들 사이의 대립에서 성립한다. 왜냐하면 우리 안에는 단 하나의 영혼이 있을 뿐이고, 그 영혼은 자신 안에 어떠한 다양성도 지니지 않기 때문이다. 감각적인 것은 이성적인 것과 같은 것이고, 모든 욕구는 의지다.[62] 영혼이 보통 서로 상반되는 다양한 역할(인격)을 하게 하면서 범한 오류는 몸의 기능과 영혼의 기능을 잘 구분하지 않았다는 데서 오는 것일 뿐이다. 우리 안에서 이성에 반하는 것으로 주목할 수 있는 모든 것은 몸에만 부여해야 한다. 그래서 뇌 가운데에 있는 작은 샘이 영혼에 의해 한쪽으로 밀리고 단지 물체(물질)일 뿐인 동물 정기에 의해 다른 쪽으로 밀리면서, 내가 위에서 말한 것과 같이, 그 두 충동impulsions(충격)은 상반되고, 가장 강한 것이 다른 것의 효과를 방해하는 일이 흔히 일어난다는 점 외에 다른 어떤 투쟁도 없다. 그런데 샘 안에서 정기에 의해 일어난 두 종류의 운동은 구분될 수 있다. 하나는 감각[63]을 움직이는 대상, 또는 뇌에서 발생하고 의지에 어떤 영향도 주지 않는 인상을 영혼에 표상하는 운동이다. 다른 하나는 의지에 어떤 영향을 주며 정념이나 정념을 동반하는 몸의 운동을 일으키는 운동이다. 그리고 전자에 대해서는 그것이 영혼의 작용을 자주 방해하거나 영혼의 작용에 의해 방해받을지라도, 어쨌든 그것은 직접적으로 상반되지 않기 때문에

[365]

---

62 데카르트는 《페드르Phèdre》의 플라톤주의의 이미지, 정신·심장·욕망을 구분하는 이론, 토마스주의의 욕구 이론에 반대한다.

63 32항과 35항 참조.

거기서 어떤 투쟁도 주목할 수 없다. 단지 우리는 후자와 후자에 반하는 의지 사이에서 (발생하는) 투쟁을 주목할 뿐이다. 예를 들면 정기가 영혼 안에서 어떤 것에 대한 욕망을 일으키기 위하여 샘을 밀어내는 노력과 영혼이 그와 동일한 욕망을 피하고자 하는 의지에 의해 샘을 다시 밀어내는 노력 사이의 투쟁이다. 이 투쟁은 앞서 말했던 것처럼 정념을 직접적으로 일으키는 힘을 결여한 의지가 일련의 다른 사물에 주목하도록 어떤 노력을 경주하는 것과 대립한다는 사실에서 드러난다. 그 다른 사물들 가운데 하나가 어느 한 순간에 정기의 흐름을 바꾸는 힘을 갖게 되는 경우에는, 뒤따르는 또 다른 사물은 그 힘을 가지지 못하고, 정기는 즉시 이전의 욕망을 다시 취하는 일이 생긴다. 이것은 신경, 심장, 피 안에서 이루어진 배치(상태)가 변하지 않았기 때문인데, 이로 인해 영혼은 동일한 사물을 거의 동시에 욕망하고 또한 욕망하지 않도록 떠밀림을 느끼게 된다. 그리고 영혼 안에서 충돌하는 두 힘을 상상하는 기회를 갖게 되는 것은 바로 거기부터다. 그렇기는 하지만 여전히 어떤 투쟁을 생각해낼 수 있는데, 그것은 영혼에서 어떤 정념을 일으키는 동일한 원인이 영혼의 이바지가 전혀 없이 몸에서도 역시 어떤 운동을 일으킨다는 점에서다. 그리고 영혼은 그 운동을 지각하자마자 멈추거나 멈추려고 애쓴다. 마치 두려움을 일으키는 사물이 도망가기 위해 다리를 움직이게 만드는 근육 안으로 정기를 들어가게 하면서도, 용감해지고 싶다는 의지가 그 정기를 멈출 때 겪는 것과 같다.

[366]

48항 영혼의 강함이나 약함을 어떻게 알 수 있는가, 그리고 가장 연약한 영혼의 해악은 어떤 것인가

그런데 각자가 자신의 영혼이 강한지 약한지 알 수 있는 것은 그 투쟁의 성공에 의해서다. 왜냐하면 의지가 가장 쉽게 정념을 정복하고 정념을 동반하는 몸의 운동을 멈추게 할 수 있는 이들은 의심의 여지 [367] 없이 가장 강한 영혼을 가졌기 때문이다. 그러나 영혼의 힘을 증명할 수 없는 이들이 있는데, 왜냐하면 그들은 결코 영혼의 고유한 무기를 가지고 그들의 의지가 싸우게 하지 않고, 단지 다른 정념에 저항하기 위해서 어떤 정념이 제공하는 무기만으로 싸우게 하기 때문이다. 내가 영혼의 고유한 무기라고 부르는 것은 좋은 것과 나쁜 것의 인식에 대한 단호하고 확고한 판단인데, 이것을 따르면서 영혼은 삶의 행위를 인도하기로 결정했다. 그리고 모든 이들 중에서 가장 연약한 영혼은 의지가 그처럼 어떤 판단을 따르기로 결정하지 못하고, 현재하는 정념에 지속적으로 끌려가도록 내버려두는 영혼이다. 현재하는 정념은 흔히 서로 대립하기 때문에 의지를 처음에는 하나의 정념으로 다음에는 〔상반되는〕 다른 정념으로 차례차례 잡아끌어서 의지 자체가 서로 맞서도록 하기 때문에, 영혼을 그가 존재할 수 있는 가장 비참한 상태로 둔다. 이처럼 두려움이 죽음을 극단적인 나쁜 것으로서 표상하고 죽음을 도망에 의해서만 피할 수 있는 것으로 표상하는 한편, 야심은 이 도망의 불명예를 죽음보다 더 나쁜 것으로서 표상한다면, 이들 두 정념은 의지를 다양하게 움직인다. 의지는 때로는 이쪽에, 때로는 저쪽에 순종하며, 지속적으로 스스로에게 반하고, 이처럼 영

혼을 노예로 만들며 불행하게 만든다.[64]

49항 영혼의 힘은 진리의 인식 없이는 충분하지 않다

정념이 강요하는 것만을 원할 정도로 아주 연약하고 결단력 없는 사람이 꽤 적다는 것은 사실이다. 대부분은 확고한 판단을 지니고 있어서 그 판단을 따라 자신의 행위 일부분을 규제한다. 그리고 흔히 그 판단이 오류이고,[65] 심지어 의지가 예전에 정복되거나 유혹당하게 내버려두었던 어떤 정념에 근거할지라도, 의지는 그 판단을 야기했던 정념이 부재할 때도 판단을 계속해서 따르게 했기 때문에, 판단을 영혼의 고유한 무기로 고려할 수 있다. 그리고 영혼이 그러한 판단을 얼마나 가깝게 따르고 그 판단에 반대되는 현재하는 정념에 저항하는지에 따라 영혼의 강함과 약함을 판가름할 수 있다. 그럼에도 어떤 잘못된 견해에서 생기는 결단과 진리의 인식에만 근거한 결단 사이에는 커다란 차이가 있다. 후자를 따른다면 결코 후회하지도 잘못을 뉘우치지도 않게 되지만, 반면에 항상 전자를 따랐다가 거기에서 오류를 발견할 때는 후회하고 잘못을 뉘우치게 된다.

[368]

---

64 데카르트는 힘에 따라 영혼을 세 카테고리로 분류한다. 우선 고유한 무기(진정한 판단력 jugements vrais)에 의해 정념을 이길 수 있는 영혼, 두 번째는 그 고유한 무기와는 다른 것으로 정념에 저항하는 영혼, 세 번째는 현재하는 정념에 내맡기는 영혼이다.

65 도덕의 결정적인 형성을 전제하는 품행의 합리성 문제와 정념에 반한 대립의 문제는 서로 구분된다고 할 수 있다.

50항 잘 지도하면, 자신의 정념에 대해 절대권을 얻을 수 없을 정도로 약한 영혼은 없다.

[369] 이미 앞에서 언급한 것처럼, 샘의 각 운동이 생명(삶)의 시작에서부터 본성상 우리 생각에 결합된 것으로 보인다 할지라도, 습관에 의해 그 운동을 다른 생각에 결합시킬 수 있다는 것을 알아두는 것은 여기서 유용하다. 이처럼 경험은 샘에서 운동을 불러일으키는 언사들이, 자연의 섭리에 따라 소리로 말해졌을 때는 단지 영혼에 소리만을 표상하게 할 뿐이고, 혹은 그 소리가 쓰였을 때는 문자의 형태라는 것을 알게 한다. 그럼에도 언사가 의미하는 것을 생각하면서 알아듣던 습관으로 인해 소리를 들었거나 문자를 보았을 때 그 문자의 형태나 음절의 소리보다는 그 의미를 지각하게 되는 습관이 있다. 또한 영혼에게 어떤 대상을 나타내는 샘의 운동이, 정기와 뇌의 운동만큼이나 영혼 안에서 어떤 정념을 일으키는 것과 본성적으로 결합되어 있음에도, 습관으로 인해 아주 다른 것과 분리되거나 결합할 수도 있다는 것을 인식하는 것 역시 유용하다. 그리고 이 습관은 단 한 번의 작용에 의해서 생겨날 수도 있는 것으로 오래 그 습관을 사용할 것이 요구되지도 않는다. 식욕을 갖고 맛있게 먹는 음식에서 아주 더러운 것을 느닷없이 마주칠 때, 이 만남의 놀라움은 뇌의 배치(상태)를 크게 바꿔서 그런 음식을 즐겁게 먹기는커녕, 단지 혐오감만을 가지고 보게 된다. 그리고 동물에서도 그와 같은 것을 주목할 수 있다. 왜냐하면 동물이 이성을, 나아가 어떠한 생각도 갖지 못할지라도, 우리 안에서 정념을 일으키는 정기와 샘의 모든 운동은 동물 안에도 그대로

존재하고, 그 운동은 동물 안에서 우리에게서처럼 정념은 아니지만 정념을 동반하는 습관이 있는 신경과 근육의 운동을 유지하고 강화하는 데 그래도 소용이 있기 때문이다. 이처럼 개가 자고새를 보았을 때, 개는 자고새를 향해 자연적으로 달려가게 된다. 그리고 방아쇠를 당기는 소리를 들을 때, 이 소음은 개가 자연스럽게 도망가게 한다. 그럼에도 일반적으로 사냥개를 훈련시켜서, 자고새를 목격한 사냥개를 멈추게 하고, 사람이 자고새를 향해 총을 당기면 사냥개가 그 소리를 들은 후에 자고새가 있는 곳으로 달려가게 만든다. 그런데 이것은 각 개인에게 그들의 정념을 규제하는 방법을 배울 용기를 주기 위해서 알면 유용하다. 왜냐하면 약간의 부지런함으로 이성이 결여된 동물에서 뇌의 운동을 바꿀 수 있으므로, 그러한 변화를 인간 안에서 더 잘 일으킬 수 있다는 것은 분명하기 때문이다. 그리고 가장 연약한 영혼을 소유한 이조차도, 우리가 아주 부지런히 훈련하고 지도한다면, 그들의 모든 정념에 대해 절대적 지배력을 얻을 수 있을 것은 분명하다.

[370]

2부

정념의 수와 순서에 대해.
그리고 기본적 정념
여섯 가지에 대한 설명

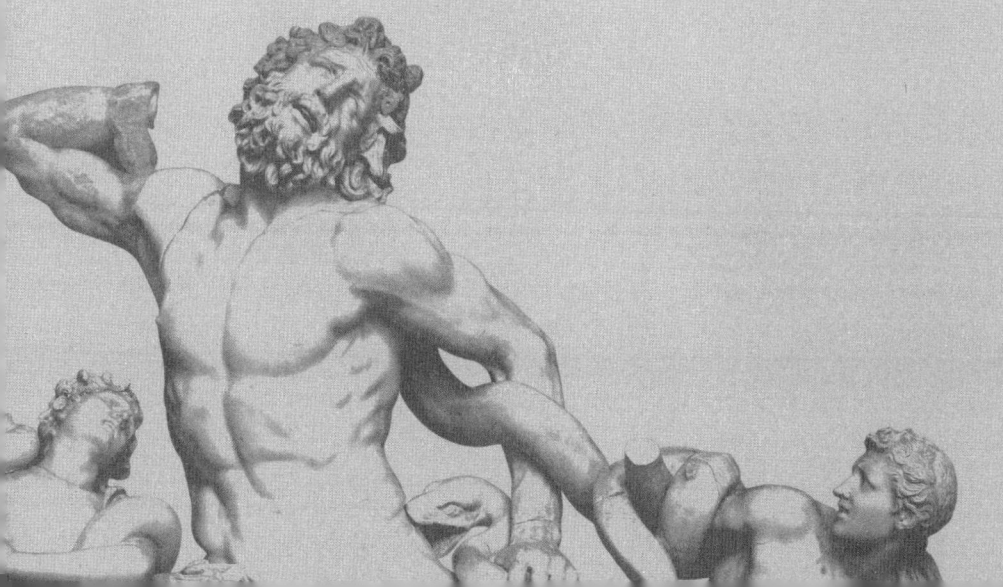

51항 정념의 첫 번째 원인들은 어떤 것인가 [371]

앞서 말한 것에서 영혼의 정념의 궁극적이고 dernière 가장 가까운 원인은 다름 아니라 뇌 한 가운데 있는 작은 샘을 움직이게 하는 정기의 동요라는 것을 알 수 있다. 그러나 이것은 정념을 서로 구분할 수 있기 위해서는 충분하지 않다. 따라서 정념의 근원을 탐구하고 정념의 첫 번째 원인들 premières causes을 검토할 필요가 있다. 그런데 정념은 이런저런 대상을 지각하도록 결정하는 영혼의 작용에 의해서, 또한 단지 몸의 기질이나 뇌에서 우리가 어떤 주제인지 말할 수 없지만 슬픔이나 즐거움을 느낄 때가 생기는 것처럼, 때때로 우연하게 부딪 [372] 히는 인상에 의해서 일어날 수 있음에도, 이미 언급한 것에 따라 그와 같은 모든 정념은 역시 감각을 움직이는 대상에 의해 일어날 수 있고, 그 대상은 가장 일반적이고 주된 정념의 원인으로 보인다. 그 결과 모든 정념을 발견하기 위해서는 그 대상의 모든 효과를 고려하는 것으로 충분하다.

52항 정념의 용도는 어떤 것이고, 그것을 어떻게 열거할 수 있는가

그 외에도 나는 다음을 주목한다. 감각을 움직이는 대상에 의해서 불러일으켜진 정념은 대상 안에 있는 다양성으로 인해서 다양한 것이 아니라, 단지 그 대상이 우리에게 얼마나 해롭거나 이로운가에 따라서, 더 일반적으로는 중요성을 지니고 있는가 그렇지 않은가에 따라 다양한 것이다. 그리고 정념을 야기하는 습관이 있는 정기의 동요가 (자연이 우리에게 유용한 것으로 규정한 것을 일으키도록 돕는) 운동에 몸을 배치하는 것과 마찬가지로, 모든 정념의 용도는 영혼이 그러한 유용한 것을 원하도록 하고 이 의지 상태를 지키도록 영혼을 배치한다는 단지 그 점에 있다. 그 때문에 정념을 열거하기 위해서는 우리에게 들어오는 감각이 얼마나 다양한 형태로 그 대상에 의해 움직여질 수 있는지 오직 순서에 의거해 검토해야 한다. 그리고 이제 정념이 그와 같이 발견될 수 있는 순서에 따라서 주요한 모든 정념을 열거할 것이다.

정념의 순서와 열거

53항 경이 [373]

어떤 대상과의 첫 만남으로 놀라게 되고, 그것을 새롭다고 판단하거나 혹은 이전에 알고 있던 것이나 그 대상이 그러할 것이라 가정하는 것과 아주 다르다고 할 때, 그것은 우리를 경이로워하게, 요컨대 놀라게 만든다. 경이 admiration 는 그 대상이 우리에게 적절한지 그렇지 않은지를 미처 알기도 전에 이루어지기 때문에, 경이는 모든 정념 가운데 첫째로 보인다. 그리고 경이는 반대 정념을 결코 지니지 않는데, 현재하는 대상이 그 안에 우리를 놀라게 하는 것을 전혀 지니지 않는다면, 우리는 절대로 감동할 수 없고 그 대상을 정념 없이 고려하기 때문이다.

54항 존경과 무시, 관대함과 오만, 겸손과 비굴함

경이에는 경이로워하는 대상이 큰지 작은지에 따라서 존경 estime 이나 무시 mépris 가 결합한다. 그에 따라 우리는 이처럼 우리 자신을 존경하거나 무시할 수 있다. 그로부터 정념이 오고, 뒤이어 고결함 magnanimité 이나 오만 orgueil, 겸손이나 비굴함의 습관이 뒤따른다. [374]

55항 숭배와 경시

그러나 좋은 것 le bien 또는 나쁜 것 le mal[66]을 할 수 있는 자유 원인처럼 여겨지는 어떤 대상을 존경하거나 무시하게 될 때, 존경에서는 숭배 vénération가 오고 단순한 무시에서는 경시 dédain가 온다.[67]

56항 사랑과 미움

그런데 앞선 모든 정념은 우리 안에서 그 정념들을 야기하는 대상이 좋은 것인지 나쁜 것인지에 대해 어떤 방식으로도 지각하지 않고도 불러일으켜질 수 있다. 그러나 한 사물이 좋은 것으로, 다시 말해 적절한 것으로 나타날 때, 그것에 대해서 사랑을 갖게 된다. 그리고 그것이 나쁘거나 무용한 것으로 나타날 때 우리 안에서는 미움이 생겨난다.[68]

---

66 선과 악이라는 도덕적인 의미로 옮기는 것보다는 고대철학자들이 제시하는 좋은 것과 나쁜 것으로 옮기는 것이 적합하다.
67 고결함과 오만의 구분과 겸손과 비굴함의 구분은 도덕적인 고려를 내포한다고 할 수 있다. 오만과 비굴함은 악덕이고, 고결함과 겸손은 덕이다.
68 앞선 정념들은 어떤 의미에서 보자면 지성적이고 도덕적이며 이해관계를 떠난 것들이었다고 할 수 있다. 반면에 사랑과 미움은 우리의 이해관계와 관련된다. 즉 우리에게 적절한 것인지 아닌지가 문제가 된다.

57항 욕망

다른 모든 정념도 좋은 것과 나쁜 것에 대한 고려에서 생겨난다. 나는 그 정념들을 순서대로 놓기 위해 시간을 구별할 것이다. 그리고 정념이 현재나 과거보다도 미래를 바라보게 한다는 것을 고려하여 [375] 욕망에서부터 시작할 것이다. 왜냐하면 〔욕망이 야기되는 때는〕 아직 소유하지 않은 좋은 것을 얻거나 우리에게 도래할 수도 있다고 판단되는 나쁜 것을 피하기를 열망할 때뿐만 아니라, 이 정념이 미칠 수 있는 모든 것인 좋은 것의 보존 또는 나쁜 것의 부재를 원할 때이기도 하므로, 욕망이 항상 미래를 바라본다는 것은 분명하기 때문이다.

58항 희망, 두려움, 질투, 안심, 절망

좋은 것을 얻거나 나쁜 것을 피하기를 욕망하기 위해서는 좋은 것을 얻거나 나쁜 것을 피하는 것이 가능하다는 생각만으로도 충분하다. 그러나 그 외에 욕망하는 것을 얻어낼 징후가 많은지 적은지를 고려한다면, 그 징후가 많은 것으로 나타나는 것은 우리 안에서 희망을 일으키고, 조금만 나타나는 것은 질투의 일종인 두려움 crainte 을 일으킨다. 희망이 극에 달하면 그 본성이 바뀌는데, 이는 안심 또는 확신이라고 불린다. 반대로 두려움의 극한은 절망이 된다.

59항 우유부단, 용기, 대담함, 경쟁심, 비겁함, 격렬한 공포

[376] 그리고 우리를 기다리고 있는 사건이 전혀 우리에게 달려 있지 않을지라도 희망하고 두려워할 수 있다. 그러나 사건이 우리에게 달려 있는 것으로 나타날 때는 수단(방법)을 선택하거나 실행하는 데 어려움이 있을 수 있다. 전자에서는 숙고하고 충고를 듣도록 우리를 준비(배치)시키는 우유부단이라는 어려움이 나온다. 후자에서는 용기나 대담함에 반대되는 어려움이 있는데 이는 경쟁심의 일종이다. 그리고 공포나 격렬한 공포가 대담함의 반대이듯이 비겁함은 용기의 반대다.

60항 가책

우유부단함이 사라지기 전에 어떤 행동을 결정했다면, 그것은 양심의 가책을 낳게 하는데, 이 가책은 미래에 올 시간과 관련되는 것이 아니라 앞선 정념들처럼 현재나 과거와 관련된다.

61항 기쁨과 슬픔

현재하는 좋은 것에 대한 고려는 우리 안에서 기쁨을, 나쁜 것에 대한 고려는 슬픔을 일으키는데, 이는 좋은 것이나 나쁜 것이 우리에게 속해 있는 것으로 나타날 때다.

62항 조롱, 부러움, 연민

그러나 좋은 것이나 나쁜 것이 다른 사람에게 속한 것으로 나타날 때, [그들이 갖고 있는 것이] 받아 마땅한지 그렇지 않은지를 평가할 수 있다. 그리고 그것이 그들에게 마땅하다고 평가할 때, 그것은 우리 안에서 기쁨 외에 다른 정념을 절대 불러일으키지 않는다. 그리고 이것은 사물들이 마땅히 그래야 하는 것(모습)으로 도래하는 것을 보는 것이 우리에게 있어서 어떤 좋은 것이라는 한에서다. 받아 마땅한 좋은 것에서 오는 기쁨은 진지하고, 대신에 받아 마땅한 나쁜 것에서 오는 기쁨은 웃음과 조롱을 동반한다는 차이만이 있을 뿐이다. 그러나 다른 사람이 그들에게 받아 마땅하지 않은 좋은 것 또는 나쁜 것을 받았다고 평가한다면, 좋은 것은 부러움을 일으키고 나쁜 것은 동정심을 일으키는데, 그 두 정념은 슬픔의 종류들이다. 그리고 현재하는 좋은 것과 나쁜 것에 연관된 동일한 정념은 이따금 미래에 있는 좋은 것과 나쁜 것에 연관될 수 있다는 것을 주목할 필요가 있다. 이것은 좋은 것이나 나쁜 것이 발생할 것이라는 견해로 인해 마치 그 좋은 것이나 나쁜 것이 현재하는 것처럼 우리에게 나타나는 일이 생길 것이라는 한에서다.

[377]

63항 자기만족과 뉘우침

또한 좋은 것과 나쁜 것의 원인으로 현재만큼 과거를 고려할 수 있다. 그리고 우리 자신에 의해 이루어진 좋은 것은 모든 정념 가운데서 가장 감미로운 내적 만족감을 준다. 대신에 나쁜 것은 가장 뼈아픈 뉘우침을 일으킨다.

64항 호의와 감사

[378] 그러나 타인에 의해 이루어진 좋은 것은 그것이 우리를 위해서가 아닐지라도, 그들에 대해서 호의를 갖게 하는 원인이다. 그리고 우리를 위해서였다면 우리는 호의에 감사reconnaissance를 더한다.

65항 분노와 화

그렇지만 타인에 의해 이루어진 나쁜 것은 그것이 우리와 조금도 연관이 없으면, 그들에 대해 단지 분노indignation만을 지니게 된다. 그리고 연관이 있으면 그것은 화를 자극한다.

66항 영광과 수치

게다가 우리 안에 있거나 있었던 좋은 것은, 타인이 그것에 대해서 가질 수 있는 견해와 관련되면 우리 안에서 영광을, 그리고 나쁜 것은 수치를 일으킨다.

67항 역겨움, 후회, 희열

그리고 때때로 좋은 것이 지속되면 지루함이나 역겨움이 생겨나고, 대신에 나쁜 것이 지속되면 슬픔이 줄어든다. 결국 과거의 좋은 것에서 슬픔의 일종인 후회가, 과거의 나쁜 것에서 기쁨의 일종인 희열이 온다.

68항 정념의 이러한 열거는 왜 일반적으로 받아들여지는 것과 다른가

[379]

자, 이것이 내게는 정념을 열거하기 위해 최상의 것으로 보이는 순서다. 이전에 정념에 대해 썼던 이들의 모든 견해와 내가 어떤 점에서 멀어졌는지 잘 알고 있으나, 그것에는 중대한 이유가 있다. 이전 저자들은 영혼의 감각적 부분에서 두 욕구, 즉 욕망을 일으키는 concupiscible 것이라고 부르는 욕구와 화를 내는 irascible 것이라고 부르는 욕구를 구분하는 것에서 정념의 열거를 이끌어냈기 때문이다. 그리고 나는 영혼 안에서 〔부분들의〕 어떤 구분도 알지 못하기 때문에, 앞에서 말한 바와 같이, 그 두 욕구의 구분은 단지 영혼이 두 능력―하나는 욕망하기, 다른 하나는 화내기―을 가진 것 외에 다른 것을 의미하는 것이 아니라고 여겨진다. 그리고 영혼은 경이로워하고 좋아하고 희망하고 두려워하는 힘을 가지고 있고, 따라서 자신 안에 각각 다른 정념을 받아들이는 힘을 지니고 있으며, 그 정념들이 영혼을 밀어붙이는 작용을 하게 하는 힘을 지니기 때문에, 나는 이전 학자들이 왜 정념들을 모두 육욕이나 화에 연관시키려 했는지 알 수 없다. 게다가 그들이 한 열거는 내가 나열한 것—이것은 중요한 정념을 모두 포함하고 있다고 나는 믿는다—과는 달리 중요한 모든 정념을 전혀 포함하고 있지 않다. 나는 단지 중요한 정념에 대해서만 말을 할 뿐인데, 그것은 아직도 더 특별한 여러 다른 정념을 구분할 수 있으며 정념의 수가 비한정적 indéfini[69]이기 때문이다.

[380] **69항 단지 기본적인 여섯 가지 정념이 있을 뿐이다**

그러나 단순하고 기본적인 primitives[70] 정념의 수는 아주 많지가 않다. 왜냐하면 (앞서) 열거했던 모든 정념에 대해 검토하면서, 그런 것으로 단지 여섯 가지, 즉 경이, 사랑, 미움, 욕망, 기쁨, 슬픔이 있을 뿐이고, 다른 모든 것들은 이 여섯 가지의 몇몇 조합이나 (종)류라는 것을 쉽게 주목할 수 있기 때문이다. 그 때문에 정념의 개수가 많아서 독자

---

69 이것을 '무한'으로 옮기는 것은 적절하지 않아 보인다. '무한'에 해당하는 infini라는 단어가 있다.
70 여기서 primitive를 '원초적'이라는 말로 옮길 수도 있지만, 데카르트철학에서의 기본 관념이 본유 관념을 말하는 것과 같은 맥락에서 '기본적'이라 옮긴다.

들이 당황하지 않게 하기 위해 여기서 기본적인 여섯 가지를 분리해서 다룰 것이다. 그리고 그 후에 다른 모든 정념들이 그 여섯 가지에서 자신들의 기원을 어떤 방식으로 이끌어내는지를 보여줄 것이다.

70항 경이에 대하여: 경이의 정의와 원인

경이는 영혼에게 드물고 놀라운 것으로 보이는 대상을 영혼이 주의 깊게 고려하도록 만드는 영혼의 갑작스러운 놀람이다. 첫째로 경이는 드물고 따라서 아주 고려할 만한 가치가 있는 것으로서 대상을 표상하는 뇌 안의 인상에 의해 불러일으켜진다. 뒤이어, 그 인상을 강화하고 보존하기 위해 뇌 안에 있는 인상의 장소로 강하게 흘러가도록 인상에 의해 배치된 정기의 운동에 의해 불러일으켜진다. 또한 그 정기의 운동은, 그 인상이 감각기관에 의해 형성된 것이라면, 감각기관이 그 인상을 유지하도록 하기 위해 뇌에서부터 감각기관을 고정시키는 데 사용되는 근육 안으로 흘러가도록 인상에 의해 배치된다. [381]

71항 이 정념에서는 심장이나 피 안에서 어떤 변화도 일어나지 않는다

그리고 이 경이라는 정념은 특별한 점을 지니는데, 다른 정념들에서와는 달리 이 정념에서는 심장과 피 안에서 어떤 변화도 동반되지 않

는다는 것이 주목된다. 그 이유는 경이가 대상에 대해 좋은 것도 나쁜 것도 지니지 않고 경이로워하는 사물에 대한 인식만을 지닌다는 데 있다. 경이는 몸에 좋은 모든 것이 의존하는 심장이나 피와 전혀 관계가 없고 단지 이 인식에 소용되는 감각기관이 있는 뇌와 관계가 있다.

72항 경이의 힘은 어디에 관여하는가

[382] 경이가 많은 힘을 지닐 수밖에 없는 것은 놀라움 surprise, 즉 정기의 운동을 바꾸는 인상의 갑작스럽고 예상하지 못한 도래 때문이다. 이 놀라움은 이러한 경이에 고유하고 특별한 것이다. 놀라움은 다른 대부분의 정념들에서도 발견되고 그 정념들을 강화하는 습관이 있는 것처럼, 놀라움이 다른 정념들에서 발견될 때 그것은 경이가 다른 정념들과 결합한 것이다. 그리고 경이의 힘은 다음 두 가지에 의존한다. 즉 첫째는 새로움이며, 둘째는 새로움이 야기하는 운동이 그 시작에서부터 모든 힘을 갖는다는 것이다. 왜냐하면 처음부터 힘을 갖는 운동이 처음에는 약하고 단지 조금씩 증가하며 쉽게 방향을 돌릴 수 있는 운동보다 더 효과를 지닌다는 것은 분명하기 때문이다. 또한 새로운 감각 대상들은 전혀 접촉된 적이 없었던 뇌의 어떤 부분과 접촉하는데, 그 부분은 빈번한 동요로 인해 단단해진 다른 부분보다 더 부드럽거나 덜 단단한 부분들이며, 그로 인해 새로운 감각 대상이 그 부분에서 일으키는 운동의 효과가 훨씬 더 크다는 것도 확실하다. 다

음과 같은 이유를 주시한다면 이것은 믿을 수밖에 없을 것이다. 발바닥은 그것이 지탱하는 신체의 무게에 의해 단단한 접촉에 충분히 익숙해져서 걸을 때 그 접촉을 단지 아주 조금만 느끼게 된다. 대신 아주 더 작고 부드러운 것으로 발바닥을 간질이는 것은 거의 견딜 수 없는데, 그것은 단지 그것이 통상적이지 않기 때문이다.

73항 놀람이란 무엇인가

그리고 이 놀라움은 뇌의 공동 안에 있는 정기의 흐름을 경이로워하는 대상의 인상이 있는 장소로 향하게 할 정도로 힘이 있다. 놀라움은 때때로 정기를 뇌의 공동으로 모두 밀어내고 그 인상을 보존하는 데 아주 전념하게 만들어서 어떤 것도 그곳에서부터 근육 안으로 들어가지 못하게 하고, 정기가 뇌 안으로 따라 들어온 첫 흔적에서 어떤 방식으로도 벗어나지 못하게 한다. 석상처럼 온몸을 부동 상태로 머물게 만들고, 대상에서 현재했던 첫 면première face만을 지각할 수도, 결국 한 가지 더 특별한 인식을 얻을 수도 없게 만드는 것이다. 보통 '놀라다'라고 부르는 것이 바로 그것이고, 놀람étonnement은 결국 나쁜 것이라 할 수밖에 없는 경이의 지나침이다.

[383]

74항 모든 정념은 무엇에 쓸모 있고 무엇에 해로운가

그런데 앞에서 언급한 것에서부터 다음의 사실을 인식하는 것은 쉽다. 즉 모든 정념의 유용성은 영혼 안에서 영혼이 보존하면 좋고 그 정념 없이는 쉽게 지워지는 상태가 될 수 있는 생각을 강화하고 지속하게 하는 데 있다. 마찬가지로 정념이 불러일으킬 수 있는 모든 나쁜 것은 더 이상 필요 없는 생각이나 주의를 집중하는 것이 좋지 않은 다른 것을 강화하고 보존하는 데 있다.

[384] ### 75항 경이는 특히 무엇에 쓸모 있는가

그리고 특히 경이는 이전에 무지했던 것을 배우고 기억 안에 유지하게 하는 데 유용하다고 말할 수 있다. 왜냐하면 단지 드물고 놀라운 것으로 보이는 것에만 경이로워하게 되기 때문이다. 그리고 이전에 알지 못했거나 또한 알고 있었던 것과는 다르기 때문이 아니라면, 드물고 놀라운 것으로 보이는 것은 없기 때문이다. 왜냐하면 그것을 놀라운 것이라고 부르게 만드는 것이 바로 그 상이함이기 때문이다. 그런데 우리에게 알려지지 않았던 것이 지성이나 감각에 새롭게 나타나도, 우리가 가지고 있는 관념이 어떤 정념에 의해, 혹은 특별한 반성과 주의를 기울이게끔 결심하도록 하는 지성의 적용에 의해 뇌에서 강화되지 않는다면 그것을 기억 안에 절대로 붙잡아두지 못한다.[72] 그리고 다른 정념들은 좋거나 나쁘게 보이는 것을 주목하는 데

80

사용될 수 있다. 그러나 우리는 단지 흔하지 않은 것으로 보이는 것에 대해서만 경이를 지닐 뿐이다. 또한 이 정념에 자연적인 성향(경향)을 전혀 지니지 않은 이들은 일반적으로 아주 무지하다는 것이 발견된다.

76항 경이는 어떤 점에서 해로운가, 그리고 어떻게 경이의 결점을 보완하고 그 지나침을 고칠 수 있는가 [385]

그러나 조금밖에 고려할 가치가 없거나 전혀 고려할 가치가 없는 것들을 지각하면서 조금 감탄하는 것이 아니라 너무 감탄하고 놀라는 일이 아주 자주 일어난다. 그리고 그런 일은 이성의 사용을 완전히 없애거나 타락시킬 수 있다. 그 때문에, 경이가 학문에 대한 호기심을 증가시키므로 경이에 어떤 성향을 지니고 태어나는 것이 좋다고 할지라도, 학문적 지식을 얻은 후에는 가능한 한 경이에서 자유로워지려고 노력해야 한다. 경이의 결점은 반성과 특별한 주의로 보완하기 쉽다. 의지는 현재하는 사물에 놀랄 만한 가치가 있다고 판단할 때 지성으로 하여금 특별히 주의를 기울이도록 언제나 강요할 수 있다. 그러나 지나치게 경이로워하는 것을 막기 위해서는 여러 사물에 대한

---

71 데카르트는 놀라움이 인간을 철학으로 이끈다는 플라톤과 아리스토텔레스의 고전적 이해에 합류한다. 하지만 데카르트는 단순한 놀라움을 제시하는 것이 아니라 이 관념에 전적으로 새로운 의미를 부여한다.(플라톤,《테아이테토스》, 155 d; 아리스토텔레스,《형이상학》, 982 b 참조)

인식을 얻고 가장 드물고 특이하게 보일 수 있는 모든 것을 고려하여 훈련하는 것 외에 다른 구제책은 전혀 없다.

77항 경이로 가장 잘 이끌리는 이는 가장 우둔한 자도 가장 민첩한 자도 아니다

[386] 뿐만 아니라 경이에 본성상 전혀 이끌리지 않는 얼빠지고 어리석은 이들이 있다 하더라도, 그것이 가장 영리한 이들이 항상 경이에 가장 잘 이끌리는 성향이 있는 이들이라고 말하는 것은 아니다. 사실 경이에 가장 잘 이끌리는 이들은 충분히 훌륭한 상식을 지니고 있음에도 특별히 자만하지 않는 이들이다.

78항 경이의 지나침은 그 지나침을 고치는 데 실패하면 습관이 될 수 있다

그리고 이 정념(경이)은 사용할수록 감소하는 것처럼 보이는데, 즉 경이로워하게 되는 흔하지 않은 것을 부딪치면 부딪칠수록, 그것을 경이로워하기를 멈추고 그 후에 현재할 수 있는 모든 것들이 저속하다고 생각하는 습관을 더욱 지니게 되기 때문이다. 그럼에도 경이가 지나치면, 그리고 다른 인식을 얻지 않고 단지 현재하는 대상의 첫 이미지에만 집중하게 되면, 경이는 조금이라도 새롭게 나타나 보이는 모든 대상들에 대해 영혼이 같은 방식으로 주의를 기울이도록 하는 습관을 영혼에 남긴다. 그리고 그것이 바로 맹목적인 호기심을 지닌 이들, 다시 말해 흔하지 않은 것을 그것을 알기 위해서가 전혀 아니라 단지 경이로워하기 위해서 찾는 이들의 병을 지속시키는 것이다. 왜냐하면 그들은 점점 더 유용한 사물 못지않게 거의 중요성이 없는 사물에도 주의를 기울이는 경향을 지닐 정도로 경이로워하게 되기 때문이다.

79항 사랑과 미움의 정의 [387]

사랑은 정기의 운동에 의해 야기된 영혼의 동요로 의지 volonté[72]에 의해 영혼에게 유익해 보이는[73] 대상과 영혼이 결합하도록 자극한다. 그리고 미움은 영혼이 영혼에 해로운 것으로 나타나는 대상으로부터 분리되는 것을 원하도록 자극하는 정기에 의해 야기된 동요다. 나는 이 동요가 정기에 의해 야기된다고 말하면서, 영혼이 좋은 것이라 평가하는 것과 의지를 결합하게 하고 영혼이 나쁜 것이라 평가하는 것에서 분리하도록 하는 판단과 마찬가지로, 이러한 판단들이 몸에 의존하지 않고 영혼 안에서 불러일으키는 동요를 몸에 의존하는 사

---

72 107항 참조.
73 정념에 대한 데카르트의 이해에서 정념의 유용성이라는 문제(모든 정념은 유용하다. 경이조차도)와 정념의 대상의 유용함이라는 문제(경이는 대상의 유용함이나 유해함의 성격, 즉 사랑과 미움에 대한 정의에서 필수적인 성격을 전혀 지니지 않는다)를 혼동해서는 안 된다.

랑과 미움의 정념으로부터 구분하고자 한다.[74]

80항 의지에 의해 결합하거나 분리한다는 것은 무엇인가

게다가 여기서 의지라는 단어를 미래와 연관되는 예외적 정념인 욕망을 말하는 것으로 이해하지 않고 오히려 동의consentement에 대해 말하는 것으로 이해하겠다. 동의를 하는 순간부터 우리 자신은 우리가 좋아하는 것과 결합된 것으로 간주된다. 그래서 우리는 우리가 단지 그것의 한 부분이고 좋아하게 된 것은 또 다른 한 부분이라고 생각되는 어떤 전체를 상상한다. 반대로 미움 상태에서는 반감을 갖는 것에서 분리된 완전한 하나의 전체로서 우리 자신을 간주한다.

[388] 81항 육욕의 사랑과 박애의 사랑에 대한 통상적인 구분에 대해

그런데 보통 사랑은 두 종류로 구분된다. 하나는 박애라 불리는 것으로, 이것은 좋아하는 것이 잘되는 것을 원하도록 자극한다. 다른 하나는 육욕이라 불리는 것으로, 좋아하는 것을 욕망하도록 만드는 것이다. 그러나 내게 이 구분은 단지 사랑의 효력에 관련될 뿐이지, 사랑의 본질에는 관련되지 않아 보인다. 왜냐하면 어떤 대상에, 그 대

---

74 〈샤뉘에게 보내는 1647년 2월 1일 편지〉 참조.

상의 본성이 어떤 것이든 의지로 결합하자마자, 그것에 대해 박애심을 갖게 되기 때문이다. 다시 말해 우리는 그 대상에 적절한 것이라고 믿는 것을 의지로 결합하는데, 그것이 사랑의 주요한 효력 가운데 하나다. 그리고 그것을 소유하거나 의지와는 다른 방식으로 그것과 결합하게 되는 것이 좋은 것이라고 판단하면, 그것을 욕망하는 것이다. 이 또한 가장 통상적인 사랑의 효력 가운데 하나다.[75]

82항 서로 아주 다른 정념들이 사랑의 성질을 띤다는 것에서 어떻게 일치하는가

또한 사랑할 수 있는 대상이 다양하다고 해서 그만큼 다양하게 사랑의 종류를 구분할 필요는 없다. 왜냐하면 예를 들어 야심가가 명예에 대해서, 수전노가 돈에 대해서, 술주정뱅이가 포도주에 대해서, 난폭한 사람이 그가 범하기를 원하는 여자에 대해서, 명예를 존중하는 한 남자가 그의 친구나 애첩에 대해서, 그리고 훌륭한 아버지가 그의 자녀들에 대해서 갖는 정념은 그들 사이에 커다란 차이가 있을지라도, 사랑의 성질을 띤다는 점에서는 유사하기 때문이다. 그러나 [위에서 언급한 것들 가운데] 앞의 네 가지는 단지 정념이 관련된 대상을 소유하기 위해서만 사랑을 가질 뿐이고 대상 그 자체에 대해서는 사랑을 전혀 가지지 않는데, 그 대상에 대해서 그들은 단지 다른 특별한 정념과

[389]

---

75 이러한 의미에서 취해진 욕망은 사랑이 아니라 단지 사랑의 효과다.

섞인 욕망을 가질 뿐이다. 대신에 훌륭한 아버지가 자녀에 대해서 갖는 사랑은 아주 순수해서, 자녀에게서 아무것도 소유하길 원하지 않고 자녀가 하는 것과 다르게 그들을 소유하려 들지도 않으며, 이미 그런 것보다 더 밀접하게 자녀와 결합하려고도 하지 않는다. 그러나 아버지는 자녀를 또 다른 자신(제2의 자신)으로 고려하면서, 자녀에게 좋은 것을 자신의 것처럼 한층 더 큰 염려로 추구한다. 왜냐하면 아버지는 그와 자녀가 함께 하나의 전체—아버지가 최고의 부분을 구성하지 않는—를 만든다고 그 자신에게 표상하면서 자신의 이익보다 자녀의 이익을 선호하고, 자녀를 구하기 위해 자신을 희생하는 것을 두려워하지 않기 때문이다. 명예를 중시하는 사람이 친구에 대해 갖는 애정은, 그것이 아주 완벽할 일은 드물지만, 이와 동일한[76] 본성을 갖는다. 그리고 그들이 애첩에 대해서 갖는 애정은 그러한 성질을 많이 띠나 약간 다른 성격도 지닌다.

83항 단순한 애정, 우정, 헌신의 차이에 대해

[390] 사랑하는 대상과 우리 자신을 비교하여 평가할 때 더 나은 이유를 가지고 사랑을 구분할 수 있을 것처럼 보인다. 왜냐하면 사랑하는 대상을 자신보다 낮게 평가할 때 그 대상에 대해서는 단지 단순한 애정만을 갖고, 그것을 자신과 동등하게 평가할 때 그것은 우정이라 불리며,

---

76 '동일한'이라는 단어는 AT에서는 빠져 있다. 하지만 원본에는 있다.

그것을 더 높게 평가할 때 갖는 정념은 헌신이라 불릴 수 있기 때문이다.[77] 이처럼, 꽃, 새, 말에 대해서는 애정을 가질 수 있다. 그러나 규범에서 매우 벗어난 정신을 갖지 않는 한, 인간에 대해서만 우정을 가질 수 있다. 그리고 인간은 너무나도 그 정념(우정)의 대상이어서, 우리가 사랑을 받고 있고 진정으로 고귀하고 관대한 영혼을 갖고 있다고 생각할 때, (154항과 156항에서 설명될 것에 상응하여) 아주 완벽한 우정을 가질 수 없을 정도로 아주 불완전한 인간은 아무도 없다. 헌신이라는 것에 대해서 말하자면, 그 주요 대상은 의심의 여지 없이 최고의 신성souveraine Divinité인데, 이것에 대해서 제대로 알고 있다면 그것을 숭배하게 되지 않을 수 없다. 그러나 우리는 또한 왕(왕자), 나라, 마을, 그리고 자신보다 더 높게 평가하는 특별한 한 사람에 대해서도 헌신을 가질 수 있다. 그런데 사랑의 세 종류 사이에 있는 차이는 무엇보다 사랑의 효과에 의해 나타난다. 왜냐하면 그 모든 사랑에서 우리가 좋아하는 것에 결합하고 합류한 것으로 자신을 여기는 한에서, 우리는 우리가 구성하고 있는 전체의 가장 최소한의 부분을 다른 부분을 보존하기 위해 포기할 준비가 항상 되어 있기 때문이다. 이것이 단순 애정에서는 항상 자신을 우리가 좋아하는 것보다 선호하고, 반대로 헌신 안에서는 좋아하는 것을 보존하기 위해서 죽음도 두려워하지 않으며 자신보다 우리가 좋아하는 것을 선호하게 하는 것이다. 왕자나 마을을 방어하기 위해서, 또한 때때로 그들이 헌신했던 특별한 사람을 위해서 확실한 죽음에 노출된 이들에게서 그런 헌신의 예를 흔히 보게 된다.

[391]

---

77 〈엘리자베스에게 보내는 1645년 9월 15일 편지〉와 〈샤뉘에게 보내는 1647년 2월 21일 편지〉 참조.

84항 미움의 종류는 사랑(의 종류)만큼 그렇게 많지 않다

뿐만 아니라 미움은 사랑에 직접적으로 반대일지라도, 미움의 종류를 사랑(의 종류)만큼 많이 구분하지 않는다. 왜냐하면 우리가 결합해 있는 좋은 것 사이에 있는 차이를 알아내는 정도로 의지에 의해 분리된 나쁜 것 사이의 차이를 주목하지 못하기 때문이다.

85항 매력과 혐오에 대해

그리고 나는 사랑과 미움을 모두 관통하는 단 하나의 중대한 특징이 있다고 생각한다. 그것은 사랑의 대상만큼이나 미움의 대상이 외적 감각이나 내적 감각에 의해서, 그리고 영혼의 고유한 이성에 의해서 영혼에게 표상될 수 있다는 것에 있다. 왜냐하면 내적 감각이나 이성이 우리에게 적절하거나 우리 본성에 반대라고 판단하게 하는 것이 보통 좋은 것 또는 나쁜 것이라고 불리기 때문이다. 그러나 외적 감각 가운데서 특히 시각―이 감각만이 다른 모든 감각보다 더 고려되어야 한다―에 의해 우리에게 그와 같이 표상되는 것은 아름답다거나 추하다고 불린다.[78] 거기에서부터 사랑의 두 종류가 생긴다. 즉 좋은 것에 대해서 갖는 사랑과 아름다운 것에 대해서 갖는 사랑인데, 사랑에 흔히 부여하는 이름인 욕망과 혼동하지 않기 위해서 이것에 매

---

78 데카르트에게 있어서 미적 판단은 매력과 혐오라는 정념의 문제와 연관된다.

력agrément이라는 이름을 부여할 수 있다. 그리고 거기에서부터 미움의 두 종류가 같은 방식으로 생기는데 하나는 나쁜 것과, 다른 하나는 추한 것과 연관된다. 그리고 후자는 나쁜 것에 대한 미움과 구별하기 위해 혐오horreur 또는 반감이라 불릴 수 있다. 그러나 여기서 더 주목할 만한 것은 매력과 혐오라는 이 정념들이 사랑이나 미움이라는 다른 종류보다 더 난폭한 버릇을 지닌다는 것이다. 왜냐하면 감각에 의해 영혼에 오는 것이 이성에 의해 영혼에게 표상되는 것보다 더 강하게 영혼과 접촉하고, 또한 매력과 혐오는 일반적으로 진실을 덜 지니기 때문이다. 그래서 모든 정념 가운데 매력과 혐오가 가장 기만적인 것이며 가장 조심스럽게 경계해야만 하는 것들이다.

86항 욕망의 정의

욕망이라는 정념은 영혼에게 적절한 것으로 표상되는 것을 미래를 위해서 영혼이 원하도록 영혼을 배치시키는 정기에 의해 야기된 영혼의 흔들림agitation[79]이다. 그와 같이 우리는 부재한 좋은 것의 현재를 단지 욕망할 뿐만 아니라, 현재하는 좋은 것의 보존, 나아가 우리가 이미 지니고 있는 만큼 앞으로 다가올 시간에 받을 수도 있다고 믿는 나쁜 것의 부재도 욕망한다.

---

[79] 통상 '동요'라고도 옮길 수 있지만, émotion을 동요로 옮겼으므로 이와 구별하기 위해 여기서는 '흔들림'으로 옮긴다.

[393]　87항 욕망은 반대를 지니지 않는 정념이다

나는 다음을 잘 알고 있다. 통상 스콜라철학에서는 좋은 것을 추구하는 경향이 있고 이것만을 욕망이라 부르는데, 이 정념을 나쁜 것에서 도피하려는 경향이 있으며 우리가 반감이라고 부르는 정념에 대립시킨다. 그러나 결여가 나쁜 것이 아닌 어떤 좋은 것도 없고, 결여가 좋은 것이 아닌 어떤 나쁜 것도 긍정적으로 고려되지 않는다. 예를 들면 부(부유함)를 추구하면서 필연적으로 가난을 피하고, 병에서 도피하면서 건강을 찾고, 다른 것들도 그와 같아서, 내게는 좋은 것의 추구와 이에 반대되는 것으로 나쁜 것으로부터의 도피를 자극하는 것은 항상 동일한 운동인 것으로 보인다. 나는 거기서 단지 다음과 같은 차이만을 주목할 뿐이다. 어떤 좋은 것을 지향할 때 갖는 욕망은 사랑, 나아가 희망과 기쁨을 수반한다. 대신에 동일한 그 욕망은 좋은 것에 반대되는 나쁜 것에서 멀어지려는 경향을 지닐 때 미움, 두려움, 슬픔을 수반한다. 이것이 나쁜 것을 우리 자신에 반대되는 것으로 판단하게 하는 것이다. 그러나 욕망을 살펴보고자 한다면, 좋은 것에 대한 추구와 좋은 것에 반대되는 나쁜 것에 대한 도피를 하나의 욕망에 연결할 때, 이 둘이 만드는 하나의 정념만이 있을 뿐이라는 것을 아주 분명하게 알 수 있다.

88항 욕망의 다양한 종류는 어떤 것인가 [394]

추구하는 대상이 다양한 만큼 욕망도 다양한 종류로 구분하는 더 중요한 이유가 있을 것이다. 왜냐하면 예를 들어 단지 알려고만 하는 욕망일 뿐인 호기심은 영예의 욕망과 많이 다르고, 명예욕은 복수의 욕망과 많이 다르고, 다른 것들도 그와 같기 때문이다. 그러나 여기서는 욕망의 종류가 사랑이나 미움의 종류만큼 있고, 가장 주목할 만하고 강한 것은 매력과 혐오에서 생기는 것이라는 것을 아는 것으로 충분하다.

89항 혐오에서 생기는 욕망은 어떤 것인가

그런데 앞서 말했던 것과 같이 좋은 것을 추구하려는 경향과 그 반대인 나쁜 것에서 도피하려는 경향이 동일한 욕망일 뿐일지라도, 매력에서 생기는 욕망은 혐오에서 생기는 욕망과 아주 다르다. 왜냐하면 진정으로 상반되는 이 매력과 혐오는 대상들을 욕망하는 데 사용되는 좋은 것과 나쁜 것이 아니라, 단지 아주 다른 두 사물을 추구하도록 영혼을 배치시키는 영혼의 두 동요이기 때문이다. 즉 혐오는 영혼에게 갑작스럽고 예상하지 못한 죽음을 나타내기 위해 자연에 의해 세워졌다. 그래서 때때로 단지 작은 벌레의 접촉이나 떨리는 낙엽의 소리 또는 우리 자신의 그림자가 혐오를 갖게 할 뿐일지라도, 우선 [395] 아주 명백한 죽음의 위험이 감각에 제공되는 만큼의 동요를 느끼게 되는데, 이것이 급작스럽게 영혼의 모든 힘을 전적으로 현재하는 나쁜 것을 피하는 데 사용하도록 자극하는 흔들림을 만든다. 그리고 보통 도피나 반감이라 부르는 것이 바로 이 욕망의 일종이다.

90항 매력에서 생기는 욕망은 어떤 것인가

반대로 매력은 끌리는 것에 대한 향유를 인간에 속하는 모든 좋은 것들 가운데서 가장 커다란 것으로 나타내기 위해 자연에 의해 특별하게 세워진 것으로서 우리가 아주 간절히 이 향유를 원하도록 만드는 것이다. 매력에는 다양한 종류가 있고, 거기에서 생기는 욕망이 모두 같은 정도로 강하지 않다는 것은 사실이다. 왜냐하면 예를 들어 꽃의 아름다움은 단지 꽃을 바라보게만 자극할 뿐이고, 과일의 아름다움은 과일을 먹도록 자극하기 때문이다. 그러나 제일 중요한 종류의 매력은 또 다른 자신이 될 수도 있다고 생각되는 어떤 한 사람 안에 있는 것으로 상상하는 완벽함에서 오는 매력이다. 왜냐하면 자연은 동물 안에서와 마찬가지로 인간 안에 성 sexe의 차이와 함께, 이유 없이 어떤 나이와 때가 되면 우리 자신을 불완전한 것으로, 그리고 마치 다른 성을 지닌 사람을 한 전체의 반쪽이었던 것처럼 간주하는 어떤 인상을 뇌에 심어놓았기 때문이다. 그래서 이 반쪽을 얻는 것은 상상할 수 있는 모든 좋은 것 가운데서 가장 커다란 것으로 자연에 의해 혼란스럽게 나타나게 된다. 그리고 다른 성을 지닌 여러 사람을 볼지라도 동시에 여러 사람을 원하지는 않게 되는데, 자연은 우리가 반쪽

[396]

그 이상이 필요하다고 상상하도록 만들지 않았기 때문이다. 그러나 그때 다른 사람에게서 보게 되는 어떤 것보다 더 마음에 드는 다른 한 사람 안에서 어떤 것을 주목할 때, 자연은 우리가 소유할 수 있는 가장 커다란 것으로 표상하는 좋은 것을 추구하도록 영혼에게 부여한 모든 성향을 오직 더 마음에 드는 그 한 사람만을 위해서 느끼게 결심하도록 한다. 그리고 이처럼 매력에서 생기는 이 성향이나 욕망은 위에서 서술된 사랑의 정념보다 더 일반적으로 사랑이라는 이름으로 불린다. 또한 매력은 사랑의 정념보다 더 이상한 효력들을 지니고, 바로 이것이 소설과 시 작가의 중요한 재료로 쓰이는 것이다.

91항 기쁨의 정의

기쁨은 영혼의 기분 좋은 동요인데, 뇌의 인상이 영혼에게 영혼 자신의 것으로 표상하는 좋은 것을 영혼이 소유하는 향유로 이루어져 있다. 나는 이 동요가 좋은 것의 향유로 이루어져 있다고 말한다. 왜냐하면 실제로 영혼은 그가 소유한 모든 좋은 것 외에 다른 어떤 결실도 받아들이지 않기 때문이다. 그리고 영혼이 어떤 기쁨도 지니지 않는 동안에는, 영혼이 좋은 것을 전혀 소유하지 않은 것이라기보다 좋은 것을 향유하지 않는 것이라고 말할 수 있다. 또한 뇌의 인상이 영혼에게 자신의 것으로 표상하는 것이 좋은 것이라고 덧붙이고자 하는데, 정념으로서의 이 기쁨을 영혼에서 영혼 단독의 작용에 의해 일어나는 순수하게 지적인 기쁨과 혼동하지 않기 위해서다. 그리고 〔영

[397]

혼의 단독 작용에 의한 지적 기쁨을) 영혼 자신에 의해 영혼 안에서 불러일으켜진 기분 좋은 동요라고 말할 수 있는데, 이는 지성entendement[80]이 영혼에 영혼의 것으로 표상하는 좋은 것을 소유하는 향유로 이루어진다. 영혼이 몸에 결합해 있는 동안에는 이 지적인 기쁨이 정념으로서의 기쁨을 동반할 수밖에 없다는 것은 사실이다. 왜냐하면 지성이 우리가 어떤 좋은 것을 소유하고 있다는 것을 지각하게 되자마자, 이 좋은 것은 몸에 속하는 모든 것과 상상할 수 없을 정도로 아주 다를 수 있음에도, 상상력은 기쁨의 정념이 불러일으키는 정기의 운동을 따라 뇌 안에서 어떤 인상을 즉시 만들지 않고는 못 배기기 때문이다.

92항 슬픔의 정의

슬픔은 불쾌한 침체인데, 뇌의 인상이 영혼에 속하는 것으로 표상하는 나쁜 것이나 결함에 의해 영혼이 받는 불편으로 이루어진다. 그리고 정념은 아니지만 슬픔의 정념을 수반하지 않을 수 없는 지적인 슬픔이 있다.

---

80 보통 오성으로도 옮기지만 지성이라 옮기는 것이 더 적합하다.

93항 이 두 정념의 원인은 어떤 것인가 [398]

그런데 지적 기쁨이나 지적 슬픔이 이처럼 정념으로서의 기쁨과 슬픔을 불러일으킬 때, 그것들의 원인은 아주 분명하다. 그리고 기쁨이 우리가 어떤 좋은 것을 소유한다는 견해에서 비롯하고, 슬픔은 어떤 나쁜 것이나 어떤 결핍에서 비롯한다는 것을 기쁨과 슬픔에 대한 정의를 통해 알 수 있다. 그러나 기쁨과 슬픔의 원인인 좋은 것과 나쁜 것을 그처럼 분명하게 주목하지 못한 채로 슬픔이나 기쁨을 느끼는 경우가 흔히 발생한다. 그것은 이 좋은 것 또는 나쁜 것이 뇌 안에서 영혼의 매개 없이 자신의 인상을 만들 때 일어나는데, 말하자면 때로 그것들이 몸에 속하기 때문에, 그리고 때로는 그것들이 영혼에 속함에도 영혼이 그것들을 좋은 것 또는 나쁜 것으로 간주하는 것이 아니라 뇌에서 좋은 것 또는 나쁜 것의 인상과 결합되는 인상을 지닌 어떤 다른 형태로 간주하기 때문이다.

94항 이 정념들은 오직 몸과 관련되는 좋은 것과 나쁜 것에 의해서는 어떻게 생겨나는가, 그리고 간지럼과 고통은 무엇으로 이루어지는가

따라서 우리가 아주 건강하고 날씨가 평상시보다 맑을 때, 우리는 지성의 어떤 기능에서도 비롯하지 않으나 단지 정기의 운동이 뇌 안에서 만든 인상에서 비롯하는 쾌활함을 우리 자신 안에서 느낀다. 그리고 몸이 [399]

불편할 때, 몸이 불편한지 전혀 알지 못할지라도 같은 방식으로 슬픔을 느끼게 된다. 이처럼 감각의 가벼운 자극chouillement은 기쁨에, 그리고 고통은 슬픔에 아주 바짝 따라 붙어서 사람들 대부분은 감각의 자극과 기쁨을, 그리고 고통과 슬픔을 전혀 구분하지 못한다. 그렇기는 하지만 우리가 때로는 기쁨과 함께 고통을 겪고, 기분을 상하게 하는 간지럼을 겪기도 하는 것처럼 각각의 경우는 아주 다르다. 그러나 통상적으로 간지럼이 기쁨을 수반하는 원인은 다음과 같다. 즉 간지럼이나 유쾌한 감정이라고 일컫는 모든 것은, 신경이 그것에 저항하기 위해서 충분한 힘을 갖고 있지 않거나 몸이 잘 배치되지 않은 경우, 감각 대상들이 신경을 유해하게 할 수 있는 어떤 운동을 불러일으킬 때 발생한다. 이때 뇌에는 몸의 훌륭한 배치와 힘을 표시하기 위해 자연에 의해 세워진 인상이 남고, 그것은 영혼과 몸이 결합된 한에서 영혼에 속한 좋은 것으로서 영혼에 나타나며 그래서 영혼 안에서 기쁨을 일으킨다. 거의 같은 이유에서 모든 종류의 정념―심지어 슬픔과 미움까지도―에서 자극을 받는 우리 자신을 느낄 때 자연적으로 즐거움을 갖게 되는 것은 단지 이 정념들이 연극에서 재현되는 것을 보는 이상한 탐험에 의해서, 또는 우리를 어떤 방식으로도 해하지 않지만 우리 영혼을 건드리면서 간질이는 것처럼 보이는 다른 비슷한 주제에 의해서 생겨났을 때뿐이다. 그리고 통상적으로 고통이 슬픔을 생산하게 만드는 원인은 고통이라 불리는 감정이 항상 신경에 상처를 입힐 정도로 어떤 아주 격렬한 작용에서 비롯된다는 데 있다.[81]

---

81   즐거움과 고통에 대한 데카르트의 이론은 《인간론》(AT, XI, 144)에서 볼 수 있다.

고통이라는 감정은 그러한 작용에 의해 몸이 받게 되는 손상과 몸이 [400] 저항할 수 없었던 연약함을 영혼에게 알려주기 위해 자연에 의해 세워진 것으로, 영혼이 더 높게 평가하는 어떤 좋은 것을 야기할 때는 제외하고, 그 감정은 영혼에게 이 둘을 항상 불쾌한 나쁜 것으로 표상한다.

95항 위험에 몸을 내맡기거나 과거의 나쁜 것을 회상하는 데서 느끼는 즐거움처럼, 영혼에 속해 있음에도 영혼이 눈치채지 못하는 좋은 것과 나쁜 것에 의해서는 기쁨과 슬픔이 어떻게 생겨날 수 있는가

이처럼 흔히 젊은이들이 어려운 일을 시도하고 커다란 위험을 무릅쓰는 데서 느끼는 즐거움은, 그들이 어떤 이득이나 영광도 원하지 않을지라도, 그들이 갖는 〔다음과 같은〕 생각에서 온다. 그들이 시도하는 것이 어려운 것이라는 생각은 그들 뇌 안에 어떤 인상을 만드는데, 이 인상은 그들이 위험을 무릅쓰고 그 일을 감히 하는 것을 충분히 용감하고 행복하고 곧거나 또는 강하다고 느끼는 것이 좋은 것이라고 생각할 때 그들이 형성할 수 있었던 인상과 결합해서, 젊은이들이 그렇게 함으로써 즐거움을 느끼게 하는 원인이다. 그리고 노인들이 그들이 고통을 겪었던 나쁜 것에 대해 회상할 때 갖는 만족은 그들이 그렇게 나쁜 것을 겪었어도 살아갈 수 있었다는 것이 좋은 것이라고 표상하는 데서 온다.

[401] 96항 앞에 나온 다섯 가지 정념을 야기하는 피와 정기의 운동은 어떤 것인가

여기서 설명하기 시작했던 다섯 가지 정념은 서로 아주 잘 결합해 있거나 대립해 있어서, 경이를 다룰 때처럼 각각을 분리하여 다루는 것보다 그 다섯 가지를 모두 함께 고려하는 것이 더 쉽다. 그리고 그 정념들의 원인은 경이의 원인처럼 오직 뇌 안에만 있지 않고, 심장, 비장, 간, 피, 나아가 정기의 생산에 사용되는 범위 안에서 몸의 다른 모든 부분에도 있다. 왜냐하면 모든 혈관은 자신이 함유하는 피를 심장으로 이끌지라도, 어떤 혈관의 피는 때로 다른 혈관의 피보다 더 강한 힘으로 심장에서 밀려나는 일이 일어나기 때문이다. 또한 피가 심장 안으로 들어가는 입구나 피가 나오는 출구가 다른 때보다 더 넓어지거나 좁아지는 일이 일어나기 때문이다.

97항 사랑의 상태에서 이러한 운동을 인식하는 데 쓰이는 주요한 경험[82]

[402] 그런데 영혼이 다양한 정념에 의해 흔들리는 동안 경험을 통해 알게 되는 몸의 다양한 변질을 고려하자면, 나는 사랑이 단독으로 있을 때, 다시 말해 사랑이 어떤 다른 강한 기쁨이나 욕망 또는 슬픔도 동

---

82 〈엘리자베스에게 보내는 1646년 5월 편지〉 참조.

반하지 않을 때, 맥박의 뜀이 고르며 평소보다 더 크고 강하다는 것을 주목한다. 그리고 우리는 가슴에서 아주 부드러운 열을 느끼고, 음식물의 소화는 위 안에서 아주 신속하게 이루어진다. 그래서 이 정념은 건강에 유용하다.

98항 미움의 상태에서

반대로 나는 미움의 상태에서 맥박이 고르지 않고 더 작으며 흔히 더 빠르다는 것을 주목한다. 그리고 가슴에서 무엇인지 알 수 없는 어떤 매섭고 살을 에는 열기로 뒤섞인 차가움을 느끼게 된다. 위는 역할을 정지하고 토하려는 경향이 있으며, 먹은 음식을 내뱉으려 하고 또는 적어도 그것을 부패시키려 하며 언짢은 기분으로 바꾸려 한다.

99항 기쁨의 상태에서

기쁨의 상태에서 맥박은 고르고 평소보다 더 빠르나 사랑의 상태에서만큼 아주 강하거나 크지는 않다. 그리고 단지 가슴에서뿐만 아니라 풍부하게 흘러들어온 피와 함께 몸의 외적인 모든 부분에도 퍼져 있는 기분 좋은 열기를 느낀다. 그러나 소화가 평소보다 덜 되기 때문에 때때로 식욕을 잃게 된다.

[403]

100항 슬픔의 상태에서

슬픔의 상태에서 맥박은 약하고 느리다. 그리고 심장 근처에 심장을 조이는 사슬 같은 것이 있는 것처럼 느끼게 되며, 심장을 얼리고 몸의 나머지 부분에 차가움을 전달하는 얼음 조각이 있다고 느끼게 된다. 그러나 슬픔과 함께 뒤섞인 미움이 전혀 없다면, 때때로 식욕을 갖지 않고는 못 배기고, 위가 그 의무를 실행하는 것을 느낀다.

101항 욕망에서

마지막으로 나는 욕망에서 다음과 같은 특별한 것에 주목한다. 욕망은 심장을 다른 어떤 정념보다 더 난폭하게 흔들고 뇌에 더 많은 정기를 제공하는데, 정기는 뇌에서부터 근육 안으로 지나가며, 모든 감각을 더 예민하게, 그리고 몸의 모든 부분을 더 기동력 있게 만든다.

102항 사랑의 상태에서 피와 정기의 운동

이러한 관찰과 여기에 적기에 너무 긴 다른 몇 가지는 내가 다음과 같이 판단할 동기를 제공했다. 지성이 사랑의 어떤 대상을 표상할 때, 이 생각이 뇌에 만드는 인상은 신경의 여섯 번째 쌍에 의해서 동물 정기를 창자와 위 둘레에 있는 근육으로 데리고 간다. 〔동물 정기는〕

새로운 피의 상태로 바뀐 음식물의 즙이 간에서 멈추지 않고 심장으로 갑작스럽게 지나가게 하기 위해 요구되는 방식으로 이끌리고, (새로워진 피는) 몸의 다른 부분에 있는 피보다 더 강한 힘으로 밀려나 아주 풍족한 상태로 심장으로 들어가며, 심장을 여러 차례 통과하면서 이미 몇 번 걸러진 피보다 더 거칠기 때문에 더 강한 열기를 일으킨다. 그것은 평소보다 더 굵고 더 요동하는 부분의 정기를 뇌로 보내게 하는 것이다. 그리고 이 정기는 사랑스러운 대상에 대한 최초의 생각에 의해 형성된 인상을 강화하면서, 영혼을 그 생각에 멈추도록 강요한다. 바로 이렇게 해서 사랑의 정념이 성립한다.

103항 미움의 상태에서

반대로 미움의 상태에서 반감을 주는 대상에 대한 최초의 생각은 뇌 안에 있는 정기를 위와 장의 근육으로 아주 많이 끌어들여서, 음식물의 즙이 피와 섞이지 않도록 정기가 대개 흐르는 습관이 있는 모든 출구를 조이면서 막는다. 또한 이 최초의 생각은 정기를 비장과 담즙기가 있는 간 안쪽의 섬세한 근육으로 인도해서, 그 장소로 가는 습관이 있는 피의 부분은 그곳에서 나와 대정맥의 지맥 안에 있는 피와 함께 심장으로 흘러들어간다. 이것은 심장의 열기 상태에 심한 불균형을 가져오는데, 왜냐하면 비장에서 오는 피가 활기를 띠지 않고 거의 희박해지지 않는 반면, 언제나 담즙이 있는 간의 아랫부분에서 오는 피는 아주 재빠르게 불타고 팽창하기 때문이다. 그런 연후에 뇌로

[405]

가는 정기는 또한 아주 불균형한 부분을 지니며 매우 특별한 방식으로 운동한다. 그곳에서부터 정기는 그곳에 이미 새겨져 있던 미움의 관념을 강화하고 영혼이 신랄함과 쓰라림으로 가득 찬 생각을 하도록 결심하게 한다.

104항 기쁨의 상태에서

기쁨의 상태에서는 비장, 간, 위, 장의 신경이 작용하기보다 오히려 몸의 나머지 전체에 있는 신경이 작용한다. 그리고 특별히 심장의 입구 주변에 있는 신경이 입구를 열고 넓히면서, 다른 신경이 피를 혈관에서 심장으로 몰아내고 평소보다 더 많은 양을 심장으로 들어가고 나오게 한다. 그리고 심장 안으로 들어가는 피는 동맥에서 정맥으로 오는데, 그곳을 이미 몇 번이나 지나갔기 때문에 아주 쉽게 팽창하면서 정기를 생산한다. 이 부분의 정기는 아주 균등하고 섬세해서 밝고 고요한 생각을 영혼에게 주는 뇌의 인상을 형성하고 강화하기에 적당하다.

[406]

105항 슬픔의 상태에서

반대로 슬픔의 상태에서 심장의 입구는 그 입구를 둘러싸고 있는 미세한 신경에 의해 심하게 축소되고, 혈관의 피는 조금도 동요하지 않는데, 이로 인해 피는 심장으로 매우 적게 흐르게 된다. 그러나 음식물의 즙이 위와 장에서 간으로 흐르게 하는 통로는 열린 상태로 머무는데, 이것은 가끔 슬픔과 결합되는 미움이 통로를 닫을 때를 제외하고는 식욕을 조금도 감소시키지 않는다.[83]

106항 욕망의 상태에서

마지막으로 욕망이라는 정념은 다음과 같은 고유한 점을 지닌다. 우리가 어떤 좋은 것을 얻거나 어떤 나쁜 것에서 피하려는 의지는 이 효과를 위해 요구된 작용에 소용될 수 있는 몸의 모든 부분으로, 특히 심장과 가장 많은 피를 제공하는 부분으로 뇌의 정기를 신속하게 보낸다. 심장은 평상시보다 더 많은 양의 피를 받으려 하면서 뇌를 향해서는 더 많은 양의 정기를 보내는데, 그것은 거기에서 이 의지의 관념을 유지하고 강화하기 위한 것이며, 거기에서부터 욕망하는 것을 얻는 데 사용될 수 있는 모든 감각기관과 근육으로 이동하기 위한 것이다.

[407]

107항 사랑의 상태에서 이러한 운동의 원인은 어떤 것인가

그리고 나는 이 모든 것의 이유를 위에서 언급한 것에서부터 다음과

---

83 이 책 100항과 〈엘리자베스에게 보내는 1646년 4월 편지〉 참조.

같이 추론한다. 우리의 영혼과 몸은 너무도 밀접히 연관되어 있어서 어떤 신체적 행위가 어떤 생각과 한번 결합되고 나면 둘 중 하나는 다른 하나가 나타나지 않고서는 우리에게 결코 나타나지 않는다. 아플 때 커다란 반감을 갖고 어떤 물약을 먹었던 이들에게서 보게 되는 것처럼, 그들은 그 후에도 동일한 반감 없이는 맛이 비슷한 것을 마시거나 먹을 수 없다. 마찬가지로 그들은 같은 맛을 다시 떠올리지 않고서는 약에 대해 갖는 반감을 생각할 수 없다. 왜냐하면 영혼이 몸과 결합하기 시작했을 때 영혼이 갖는 최초의 정념은, 생명의 원리인 열을 유지하는 데 대단히 좋은 영양소였던 피나 어떤 즙이 심장 안으로 들어갈 때 생겨났어야만 하는 것으로 보이기 때문이다. 이것은 영혼이 자의로 이 영양소와 결합했던, 다시 말해 그것을 좋아했던 [408] 원인이었다. 동시에 정기는 뇌에서 근육으로 흐르는데, 근육은 피를 심장에 더 많이 보내기 위해서 심장을 향해 몸의 일부를 누르거나 동요시킬 수 있다. 그리고 이 부분은 동요로 인해 식욕을 돋우게 되는 위와 장, 또는 횡격막의 근육이 압력을 가할 수 있는 간과 폐였다. 그 때문에 정기의 이 동일한 운동은 항상 그 후로도 사랑의 정념을 동반하는 것이다.

108항 미움의 상태에서

때로는 반대로 (심장의) 열을 유지하기에 적합하지 않았거나 열을 끌 (없앨) 수조차 있었던 어떤 특이한 액이 심장으로 왔을 때, 이것은 심장에서 뇌로 올라갔던 정기가 영혼에서 미움의 정념을 불러일으키는 원인이었다. 또한 동시에 뇌에서부터 이 정기는 유해한 액이 심장으로 들어가는 것을 막기 위해서 비장의 피와 간의 미세한 혈관을 심장으로 밀어낼 수 있는 신경을 향해 움직였다. 또 어떤 정기는 이 동일한 액을 장과 위를 향해 다시 밀어내거나 때로는 위가 그 액을 토하게끔 강요할 수 있는 신경으로 움직였다. 그로부터 이 동일한 운동이 미움의 정념을 수반하는 습관을 지니게 된다. 그리고 간에 다량의 혈관이나 충분히 넓은 도관이 있다는 것을 눈으로 볼 수 있는데, 그곳을 통해 음식물의 즙은 문맥에서 공정맥으로 지나갈 수 있고, 간에서 결코 멈추지 않고 심장으로 들어갈 수 있다. 그러나 또한 멈출 수 있고 비장처럼 항상 준비된 피를 함유하고 있으며 더 작은 다른 무한한 부분(소정맥)이 있다. 준비된 피는 몸의 다른 부분에 있는 피보다 더 거칠기 때문에 위와 장이 그 피에 영양소를 줄 수 없을 때도 심장 안에 있는 불에는 영양소를 더 잘 줄 수 있다.

[409]

109항 기쁨의 상태에서

때로는 생명이 시작할 때부터 혈관 안에 포함되어 있던 피가 심장의 열을 유지하는 데 충분히 적절한 영양소였고, 그 양이 너무나 풍부해서 혈관은 다른 곳에서 전혀 음식물을 가져올 필요가 없었을 때가 있었다. 이것이 영혼 안에서 기쁨의 정념을 불러일으켰고 동시에 심장의 입구가 평소보다 더 열려 있게 했다. 그리고 정기는 뇌에서 풍부하게 흐르며, 단지 심장의 입구를 여는 데 사용하는 신경에서뿐만 아니라 또한 일반적으로 심장으로 혈관의 피를 밀어내는 다른 모든 부분에서 흐르면서, 간, 비장, 장, 위에서 새로운 것이 오지 않게 막는다. 그 때문에 이러한 동일한 운동은 기쁨을 수반한다.

[410]　110항 슬픔의 상태에서

때로는 반대로 몸에 영양이 모자랐던 일이 있었는데, 이것은 적어도 미움과는 전혀 결합하지 않은 최초의 슬픔을 영혼이 느끼도록 해야만 했다. 그것은 또한 피를 적게 받는 이유로 심장의 입구가 수축되도록 했다. 이 피 가운데 대부분은 비장에서 왔는데, 그것은 다른 곳에서 피가 충분히 오지 않을 때 비장은 심장에 피를 제공하는 최후의 예비소이기 때문이다. 그 때문에 심장의 입구를 그처럼 수축하는 데 사용되고 비장의 피를 이끄는 정기와 신경의 운동은 항상 슬픔을 수반한다.

111항 욕망의 상태에서

마지막으로 영혼이 몸과 새로 결합했을 때 영혼이 가질 수 있었던 최초의 모든 욕망은 자신에게 적절한 것이었던 것을 받아들이고 해로운 것을 밀어내는 것이었다. 이것은 정기가 모든 근육과 감각기관을

[411]　그것들이 움직일 수 있는 모든 방식으로 움직일 때 시작했던 것과 같

은 효과를 내기 위해서였다. 이것이 영혼이 어떤 것을 욕망할 때 몸 전체를 욕망이 없는 경우보다 더 민첩하고 잘 움직이도록 준비하게 만드는 원인이다. 한편 몸이 그와 같이 준비되었을 때, 그것은 영혼의 욕망을 더 강하고 격렬하게 만들기도 한다.

112항 이 정념들의 외적 징후는 어떤 것인가

이 정념들에 부여했던 다른 모든 속성과 맥박에 차이가 나는 원인을 지금껏 충분히 설명해서 이해할 수 있도록 만들었다. 이에 대해 무언가를 더 설명하기 위해 시간을 지체할 필요는 없다. 그러나 단지 각 정념이 단독으로 나타날 때 관찰할 수 있는 것, 그리고 정념을 생산하는 피와 정기의 운동을 우리가 인식할 수 있도록 하는 것에 주목했을 뿐이다. 따라서 정념이 단독으로 분리되어 나타날 때보다 흔히 그렇듯 다른 정념 몇 가지와 함께 섞여 나타날 때 관찰할 수 있으며 정념에 자주 수반되어 나타나는 외적 징후를 다루어야 하는 일이 남아 있다. 이 징후 가운데서 주요한 것이 눈과 얼굴의 작용, [얼굴] 색깔의 변화, 떨림, 무기력, 기절, 웃음, 눈물, 신음, 탄식이다.

113항 눈과 얼굴의 동작

[412]

모든 정념은 눈에서의 어떤 특별한 동작actions을 표명한다. 그리고 어떤 정념의 경우에는 너무도 분명하게 나타나서 가장 어리석은 하인조차도 주인의 눈을 보고 그가 화가 났는지 아닌지를 알아차릴 수 있을 정도다. 그러나 수월하게 눈의 동작을 알아보고 그 동작이 의미하는 것을 안다 할지라도, 그 동작을 서술하는 것은 쉬운 일이 아니다. 왜냐하면 각 동작이 운동과 눈의 형태에 생기는 아주 특별하고 작은 여러 변화로 구성되기 때문이고, 그 변화가 함께 어우러져 생기는 결합의 결과는 알아차리기가 아주 수월함에도, 그 변화의 각각을 분리해 지각할 수 없기 때문이다. 정념을 수반하는 얼굴의 동작에 대해서도 거의 같게 말할 수 있다. 왜냐하면 얼굴의 동작이 눈의 동작보다 더 크다고 할지라도 그것들을 구별하는 것은 수월하지 않기 때문이다. 얼굴의 동작에는 아주 조금만 차이가 있어서, 어떤 이들은 울 때 웃고 있는 다른 사람과 거의 같은 얼굴을 만들기도 한다. 화났을 때(화의 상태에서 나타나는) 이마의 주름이나 코의 어떤 움직임, 분노와 조롱의 상태에서 (나타나는) 입술처럼 충분히 주목할 수 있는 여러 현상이 있다는 것은 사실이다. 그러나 그 동작들은 자연스럽다기보다는 의지적인 것으로 보인다. 그리고 일반적으로 영혼은 자신이 감추고자 하는 정념에 반대되는 어떤 다른 정념을 상상하면서[84] 강제로 얼굴과 눈의 동작을 바꿀 수 있다. 그래서 정념을 드러낼 때와 마찬가지로 숨기고자 할 때도 얼굴과 눈을 사용할 수 있다.

[413]

---

84   데카르트는 감정의 은폐를 근육에 대한 의지의 직접적인 작용이 아니라 반대되는 정념을 상상함으로써 생기는 우회적인 수단으로 설명한다.

114항 안색의 변화에 대해

어떤 정념이 (안색을 바꾸도록) 준비시킬 때, 얼굴이 상기되거나 창백해지는 것을 쉽게 막을 수 없다. 왜냐하면 앞선 예처럼, 이러한 변화는 신경과 근육에 의존하지 않고 심장에서 더 직접적으로 오기 때문이다. 심장이 피와 정기로 하여금 이 정념들을 생산하도록 준비시키는 한에서 심장을 정념의 근원이라고 부를 수 있다. 그런데 단지 얼굴색은 동맥에 의해 심장에서 모든 혈관으로, 모든 혈관에서 심장 안으로 지속적으로 흐르는 피로 인해 생길 뿐이라는 점은 사실이다. 얼굴 표면을 향해 가는 미세 혈관이 더나 덜 채워졌느냐에 따라서 얼굴은 더 붉어지거나 덜 붉어진다.

115항 기쁨은 어떻게 얼굴을 상기시키는가

따라서 기쁨은 더 생기 있고 진한 장밋빛의 색깔을 만든다. 왜냐하면 기쁨은 심장의 수문을 열어 피가 모든 혈관에서 더 빨리 흐르게 하고 더 따뜻해지고 섬세해지게 만들어서 얼굴의 모든 부분을 아주 적게 붓게 하기 때문인데, 이로 인해 얼굴 표정은 더 웃음을 띠게 되고 쾌활해진다.

[414]　116항 슬픔은 어떻게 얼굴을 창백하게 만드는가

반대로 슬픔은 심장 입구를 축소하면서 피를 혈관 안에서 더 천천히 흐르게 하고 더 차갑고 두터워지도록 한다. 그래서 피는 자리를 덜 차지할 필요가 생기게 되어서 심장에서 가장 가깝고 넓은 혈관 안으로 물러난다. 그로 인해 피는 가장 멀리 있는 혈관을 떠나게 되는데, 그중에서도 얼굴의 혈관이 가장 멀리 있는 것이라 얼굴은 창백하고 야윈 것처럼 보이게 된다. 이것은 놀람이 심장을 조이는 작용을 증가시킬 때처럼, 슬픔이 크고 갑작스럽게 닥칠 때 두드러지게 나타난다.

117항 슬프면서도 간혹 어떻게 얼굴을 붉히는가

그러나 슬프면서도 얼굴이 전혀 창백해지지 않고 반대로 붉어지는 일이 간혹 있다. 이것은 슬픔과 결합되는 다른 정념, 즉 사랑이나 욕망, 때로는 미움에 부여되어야 하는 것이다. 왜냐하면 이 정념들은 간, 장, 내부의 다른 부분에서 오는 피를 덥히거나 동요시키면서 심장을 향해 밀어내고, 거기에서부터 대동맥을 통해 얼굴의 혈관으로 밀어내는데, 슬픔이 아주 과도할 때를 빼고는 심장의 입구를 양쪽에서 조이는 슬픔이 그것을 막을 수는 없기 때문이다. 그러나 슬픔이 [415]　보잘것없을 때라도, 사랑, 욕망, 혹은 미움이 피를 다른 내부의 부분으로 밀어내는 동안에, 슬픔은 얼굴의 혈관으로 온 피가 심장으로 내려가지 못하도록 쉽게 막을 수 있다. 그 때문에 이 피는 안면 주위에

멈춰 있으면서 기쁠 때보다도 안면을 더 붉게 만드는데, 그것은 피의 색깔이 피가 덜 빠르게 흐르는 만큼 더 잘 나타나기 때문이며, 또한 심장의 입구가 더 많이 열렸을 때 안면의 혈관에서 더 많은 양의 피가 통합될 수 있기 때문이다. 이것은 특히 수치(창피함)의 상태에서 나타나는데 수치는 자애(심)와 현재하는 치욕을 피하려는 간절한 욕망의 복합물이다. 수치는 내부의 피가 심장으로 오게 만들고, 이어서 심장에서 동맥을 통해 안면으로 가게 만들며, 그로써 이 피가 심장으로 돌아가는 것을 방해하는 보잘것없는 슬픔을 만든다. 또한 이러한 일은 통상적으로 울 때도 나타난다. 왜냐하면 앞으로 말할 것과 같이, 대부분 눈물을 일으키는 것은 슬픔과 결합된 사랑이기 때문이다. 그리고 흔히 사랑, 미움, 슬픔과 뒤섞여 나타나는 복수에 대한 갑작스런 욕망을 품은 화에서도 같은 일이 일어난다.[85]

118항 떨림에 대해

떨림은 두 가지 다른 원인을 갖는다. 하나는 때때로 뇌의 정기가 너무 적게 신경 안으로 오는 것에 있으며, 다른 하나는 때때로 너무 많이 오는 것에 있다. 첫 번째 원인은 11항에서 말한 것처럼, 정기가 신경에서 사지 운동을 일으키기 위해서 닫혀야만 하는 근육의 미세한 통로를 정확하게 잘 닫기 위한 것이다. 이것은 추위에서 떨 때처럼

[416]

---

85 데카르트의 분석은 심리학적이면서 동시에 생리학적이라고 할 수 있다.

슬픔과 두려움의 상태에서 나타난다. 왜냐하면 이 정념들은 공기의 차가움처럼 피를 아주 짙게 해서 피의 일부가 신경 안으로 들어갈 수 있을 만큼 뇌에 정기를 충분히 제공하지 않기 때문이다. 두 번째 원인은 흔히 어떤 것을 열렬하게 욕망하는 이들과 화로 인해 아주 흥분한 이들, 또는 술에 취한 이들에게서 나타난다. 왜냐하면 포도주와 마찬가지로, 이따금 이 두 정념은 정기를 뇌로 많이 보내서 정기가 근육 안으로 규칙적으로 인도될 수 없도록 하기 때문이다.

119항 무기력에 대해

무기력은 사지 모두에서 느껴지는 것으로, 풀어지고 움직이지 않으려는 경향이다. 무기력은 떨림처럼 정기가 신경 안으로 충분하게 가지 않는 데서 생기지만, 그것은 다른 방식으로 생겨난다. 왜냐하면 떨림의 원인은 샘이 정기를 어떤 근육으로 밀어낼 때 샘의 결정에 복종할 만큼 정기가 뇌 안에 충분히 있지 않다는 것에 있기 때문이다. 대신에 무기력은 샘이 정기를 다른 근육이 아닌 어떤 특정한 근육으로 가도록 전혀 결정하지 못하는 데서 온다.

[417]　120항 무기력은 어떻게 사랑과 욕망에 의해 생겨나는가

그리고 가장 일반적으로 이 효과를 일으키는 정념은 현재 얻을 수 있

는 것으로 상상되지 않는 사물에 대한 욕망과 결합한 사랑이다. 왜냐하면 사랑은 영혼이 좋아하는 대상을 고려하는 것에 너무나 사로잡히게 해서, 영혼에게 이미지를 표상하는 데 뇌에 있는 모든 정기를 쓰고 이 효과에 사용되지 않는 샘의 모든 운동을 정지시키기 때문이다. 그리고 욕망의 경우, 내가 그것에 부여했던, 몸을 더 기동적이게 만드는 속성은 단지 욕망하는 대상을 얻는 데 사용되는 어떤 것을 당장 할 수 있다고 상상할 때만 적절할 뿐이라는 것을 주목해야 한다. 왜냐하면 반대로 욕망의 대상을 얻는 데 유용한 어떤 것도 불가능하다고 상상한다면, 욕망의 모든 흔들림은 신경을 전혀 통과하지 않은 채 뇌에 머물고, 그곳에서 욕망한 대상의 관념을 강화하는 데 완전히 몰입해서 몸의 나머지를 무기력하게 하기 때문이다.

121항 무기력은 다른 정념에 의해서도 생겨날 수 있다

미움, 슬픔, 그리고 기쁨조차도 그것이 아주 격렬하다면 어떤 무기력을 일으킬 수 있다는 점은 사실이다. 그러한 정념들은 영혼이 그 정념의 대상을 고려하는 데 완전히 몰두하게 하기 때문이다. 지금 현재 그것을 얻는 데 우리가 아무것도 할 수 없는 사물에 대한 욕망이 영혼과 결합했을 때는 특히 그렇다. 그러나 무기력은 다른 모든 정념보다 사랑 안에서 더 잘 발견된다. 왜냐하면 우리는 우리 자신과 구별되어 있는 여타 사물을 주시하는 것보다도 우리 자신과 의지적으로 결합된 사물을 주시하는 데 더 주의를 집중하기 때문이며, 또한 무기

[418]

력은 놀라움에는 결코 의존하지 않으나 형성되는 데 얼마간의 시간을 필요로 하기 때문이다.

122항 기절에 대해

기절(졸도)은 죽음에서 그리 멀지 않다. 왜냐하면 심장 안에 있는 불이 완전히 꺼졌을 때 죽은 것이고, 숨이 막혀서 그 결과로 심장을 되살릴 수 있을 열이 아직 약간 남아 있을 때는 단지 기절 상태에 빠지기 때문이다. 그런데 그와 같은 장애 상태에 빠지게 만들 수 있는 몸의 불편함은 여럿 있으나, 정념 가운데 그러한 힘을 가진 것으로 주시할 만한 것은 오직 극단적인 기쁨이다. 그리고 내가 생각하기에 이 효과가 생겨나는 방식은 다음과 같다. 즉 극단적인 기쁨은 심장의 입구를 아주 놀라울 정도로 많이 열어서, 혈관의 피는 심장으로 매우 급격하게 아주 많이 들어가고, 그리하여 이 혈관의 입구를 닫는 미세한 막을 열로 제거할 만큼 충분히 신속하게 묽어질 수 없게 된다. 이 방식으로 피는 불을 끄는데, 적당량만이 심장에 들어갔을 때는 흔히 유지된다.

[419] 123항 왜 슬픔의 상태에서는 절대 기절하지 않는가

예고 없이 불시에 나타나는 커다란 슬픔은 심장의 입구를 너무나 조

여서, 심장의 불을 꺼버릴 수도 있을 것처럼 보인다. 그럼에도 그런 일이 생겨나는 것을 전혀 관찰할 수 없는데, 그런 일이 일어난다 해도 아주 드물게만 일어난다. 내가 생각하기에 그 이유는, 심장의 입구가 거의 막혀 있을 경우 그곳의 열을 유지하는 데 심장에 피가 충분하지 못할 때가 거의 없다는 것에 있다.

124항 웃음에 대해

웃음은 폐동맥을 통해 심장의 오른쪽 공동에서 오는 피가 폐poumons를 갑자기, 그리고 반복적으로 부풀게 하면서 발음이 불명료하고 귀청을 찢는 소리를 형성하는 목구멍으로 폐에 내포된 공기가 격렬하게 나가도록 강요하는 데서 성립한다. 그리고 폐는 공기가 나가는 만큼 부풀면서 횡격막, 가슴, 목구멍의 모든 근육을 밀어내는데, 그로 인해 그 근육들과 접촉하는 얼굴의 근육을 움직이게 만든다. 그리고 웃음이라 불리는 것은 단지 발음이 불명료하고 귀청을 찢는 목소리를 지닌 얼굴의 이러한 작용에 지나지 않는다.

125항 웃음은 왜 가장 커다란 기쁨을 수반하지 않는가 [420]

그런데 웃음이 기쁨의 중요한 징후 가운데 하나로 보일지라도, 기쁨이 단지 평범한 것으로서 어떤 감탄이나 미움과 섞여 있을 때를 제외하고는 웃음을 일으킬 수 없다. 왜냐하면 아주 크게 기쁠 때 그 기쁨의 주제는 웃음을 터뜨리도록 만들지 않고, 또한 그렇게 아주 기쁠 때는 정말로 슬플 때만큼이나 어떤 다른 원인에 의해서도 웃게 될 수 없다는 것을 우리는 경험을 통해서 알기 때문이다. 그 이유는 커다란 기쁨에서 폐는 되풀이해서 부풀려질 수 없을 만큼 피로 항상 충만해 있다는 데 있다.

126항 웃음의 주요한 원인은 어떤 것인가

그리고 급작스럽게 그처럼 폐를 부풀게 하는 것으로 단지 두 가지 원인만을 주목할 수 있다. 첫 번째 원인은 경이의 놀라움이다. 이것은 기쁨과 결합해 있어서 아주 갑작스럽게 심장의 입출구를 열 수 있고, 그로 인해 풍부한 양의 피가 대정맥을 통해 오른쪽으로 갑자기 들어가서 그곳에서 희박해지며, 또다시 그곳에서 폐동맥을 지나고 폐를 부풀게 한다. 또 다른 원인은 피의 희박함을 증가시키는 어떤 액체[체액]의 혼합이다. 그리고 그것에 적합한 것으로 비장에서 오는 피 가운데 가장 쉽게 흐르는 부분 외에는 발견하지 못하겠다. 피의 이 부분은 경이의 놀라움에 도움을 받은 미움의 어떤 가벼운 동요에 의해서 심장으로 이끌리고, 심장에서는 몸의 다른 장소에서 오는 피와 혼합되며 기쁨이 다량으로 심장에 들어가게 만들어 이 피가 평상시보다 더 많이 팽창하게 할 수 있다. 다량의 여러 액체를 용기에 담아 불 위에 두고 그 안에 약간의 식초를 넣을 때 갑자기 부풀게 되는 것에서

[421]

같은 형태를 목격하게 된다. 왜냐하면 비장에서 오는 피 가운데 가장 쉽게 흐르는 부분은 식초와 비슷한 본성(성질)을 지니기 때문이다. 또한 폐에서 생기는 이 커다란 웃음(폭소)을 생기게 할 수 있는 모든 만남에는 미움이나 적어도 경이의 어떤 작은 동기가 항상 있다는 것을 경험을 통해 알 수 있다. 그리고 비장이 건강하지 않은 사람은 슬퍼지는 경향을 더 지닐 뿐만 아니라, 또한 이따금 다른 이보다 유쾌하게 웃을 준비가 더 되어 있기도 하다. 그것은 비장이 심장으로 두 종류의 피를 보내기 때문인데, 하나는 슬픔을 야기하는 아주 짙고 거친 피고, 다른 하나는 기쁨을 일으키는 아주 유동적이고 미세한 피다. 그리고 흔히 많이 웃은 후에는 자연스럽게 슬퍼지는 경향을 느끼게 되는데, 그것은 비장에서 온 피의 가장 유동적인 부분은 고갈되고 그 밖의 가장 거친 부분은 심장을 향해서 비장을 따라가기 때문이다.

127항 분노의 상태에서 웃음의 원인은 어떤 것인가

때때로 분노를 수반하는 웃음에 대해서 말하자면, 이것은 보통 인위적이고 거짓된 것이다. 그러나 그 웃음이 자연적인 것이라면 그것은 우리가 분노하는 나쁜 것으로 인해 감정이 상하지 않게 될 것이라는 점을 알게 될 때의 기쁨과, 그 나쁜 것의 새로움이나 예기치 않은 만남으로 인한 놀라움을 발견할 때 갖는 기쁨에서 생기는 것처럼 보인 [422]

---

86 데카르트는 웃음과 비장을 연관시키는 고전적 견해를 따른다.

다. 이런 식으로 기쁨, 미움, 경이가 분노에 기여한다. 그럼에도 웃음이 아무 기쁨 없이도, 단지 비장에서 심장으로 피를 보내는 반감의 운동에 의해서도 생길 수 있다고 믿고 싶다. 〔이때〕 심장에서 피는 희박해지고 그런 후에 폐로 이끌리며, 거의 비어 있는 폐는 쉽게 부풀어 오른다. 그리고 일반적으로 그러한 방식으로 폐를 갑작스럽게 부풀게 할 수 있는 모든 것은, 슬픔이 신음과 눈물을 동반하는 외침의 작용으로 웃음을 바꿀 때를 제외하고는, 웃음의 외적 작용을 일으킨다. 이 점을 주시하면서 비베스Vivès는 자신이 오랫동안 먹지 못하고 있었을 때 입에 넣었던 처음 몇 조각의 음식이 그를 웃게 했다고 자신에 대해서 쓴 것이다. 음식물이 결핍되어 피가 비어 있던 그의 폐가 위를 거쳐 심장으로 향하는 첫 즙으로 인해 갑작스럽게 부풀었고, 먹은 음식물의 즙이 심장에 도달하기도 전에 단지 먹는 것을 상상함으로써 그 즙을 심장으로 이끌 수 있었던 것이다.

128항 눈물의 기원에 대해

[423] 웃음이 가장 커다란 기쁨에 의해서는 결코 생겨나지 않는 것처럼 눈물은 극단적 슬픔에서는 절대 나오지 않으나 단지 보잘것없는 사랑의 어떤 느낌에 수반되거나 뒤따르는 슬픔 또는 기쁨에서 생긴다. 그리고 눈물의 기원을 잘 이해하기 위해서는 다음을 주목해야 한다. 즉 몸의 모든 부분에서 다량의 기체가 지속적으로 나옴에도, 눈에서만큼 그렇게 나오는 곳은 없는데, 이것은 시신경이 아주 크고 눈에 기

체를 모이게 하는 미세한 동맥의 수가 많기 때문이다. 그리고 땀이 단지 다른 부분에서 나와 그 표면 위에서 물로 바뀌는 기체로 구성되어 있는 것처럼 눈물은 눈에서 나오는 기체로 형성된다.

129항 증기가 물로 바뀌는 방식에 대해

그런데 나는 《기상학》[87]에서 어떤 방식으로 공기의 증기가 비로 바뀌는지를 설명하면서 증기가 평소보다 덜 요동하거나 더 풍부하게 되면 비가 온다고 기술했다. 이처럼 나는 몸에서 나오는 증기가 아주 풍부하지 않을지라도 그것이 평소보다 훨씬 덜 요동할 때 물로 바뀌지 않고는 못 배기며 이것이 우리가 이따금 아플 때 약해지면 나오는 식은땀을 일으킨다고 생각한다. 그리고 증기가 더 많이 풍부할 때도 어쨌든 더 요동하지만 않는다면 물로 바뀐다고 생각한다. 이것이 어떤 운동을 할 때 생기는 땀을 만드는 것이다. 그러나 이때 눈에서는 전혀 땀이 나지 않는데, 왜냐하면 몸이 운동하는 동안 정기의 대부분이 몸을 움직이는 데 사용되는 근육 안으로 가므로, 적은 양의 정기만이 시신경을 통해 눈으로 가기 때문이다. 그리고 이것은 피를 구성하는 물질이 혈관이나 정맥 안에 있는 동안에는 피를 구성하고, 뇌, 신경, 근육 안에 있을 때는 정기를 구성하며, 공기의 형태로 나올 때는 증기가 되고, 마지막으로 몸의 표면이나 눈에서 물로 바뀔 때는

[424]

---

87 《기상학》의 두 번째 장의 논의를 말한다.

땀이나 눈물을 구성하는 것과 같은 문제로, 이 모두는 같은 물질일 뿐이다.

130항 눈에 통증을 생기게 하는 것은 어떻게 울음을 일으키는가

그리고 눈에서 나오는 증기가 눈물로 바뀌게 되는 데는 두 가지 원인만을 주시할 수 있을 뿐이다. 첫 번째는 증기가 지나가는 기공의 형태가 어떤 사고(예상치 못한 일)에 의해 바뀔 때다. 왜냐하면 그것은 그 기체의 운동을 더디게 하고 기체의 순서를 변화시켜서 증기가 물로 바뀔 수 있기 때문이다. 이처럼 눈물이 약간 나게 하기 위해서는 단지 지푸라기를 눈 안에 떨어트리는 것만이 필요할 뿐인데, 왜냐하면 그로 인해 눈에서 고통이 생겨나고 기공의 배치가 바뀌기 때문이다. 그래서 기공의 일부가 더 좁아지면서 증기의 미세한 부분은 기공을 덜 빠르게 지나간다. 그리고 이전에 증기는 기공에서 서로서로 거리를 유지하며 나왔지만 이제는 분리되어 머물러서 부딪히기에 이르고, 혼란스러워진 기공의 순서로 인해 서로 결합하고 나아가 눈물로 바뀐다.

[425]

131항 어떻게 슬픔으로 인해 우는가

눈물의 또 다른 원인은 사랑이나 기쁨에 의해 또는 일반적으로 심장이 동맥으로 많은 피를 밀어내게 만드는 어떤 원인에 의해 생기는 슬픔이다. 여기에서 슬픔이 요구되는 것은, 슬픔이 모든 피를 차게 하면서 눈의 기공을 축소하기 때문이다. 그러나 슬픔이 기공을 축소하면 할수록 슬픔은 또한 통로를 제공해야만 하는 증기의 양을 줄인다. 따라서 그 증기의 양이 어떤 다른 원인에 의해서 동시에 증가하지 않는다면, 슬픔만으로 눈물을 생산하기는 역부족이다. 그리고 사랑의 정념 상태에서 심장으로 흘러간 피보다 증기를 더 증가시키는 것은 없다. 또한 슬퍼하는 사람이 눈물을 지속적으로 흘리는 것이 아니라, 단지 간헐적으로, 그가 애정을 갖는 대상에 대해서 어떤 새로운 반성을 했을 때 눈물을 흘리는 것을 볼 수 있다.

132항 눈물을 수반하는 신음에 대해

폐도 피가 풍부해지면 때때로 갑자기 부푼다. 풍부한 피는 폐와 충돌해 폐가 함유하는 공기를 내보내는데, 이 공기가 목구멍을 통해 나오면서 눈물을 수반하곤 하는 신음과 외침을 낳는다. 그리고 이 외침은 웃음을 수반하는 외침과 거의 같은 방식으로 만들어질지라도 보통 그것보다 더 날카롭다. 그 이유는 다음과 같다. 즉 목소리의 기관을 넓히거나 수축하는 데 사용되는 신경이 (목구멍을) 더 굵거나 날카롭게 만들기 위해 기쁠 때는 심장의 입출구를 열고 슬플 때는 심장의 입구를 수축하는 신경과 결합해서, 소리를 내는 기관이 동시에 확대하거나 수축하게 만들기 때문이다. [426]

133항 왜 아이와 노인은 쉽게 우는가

아이와 노인은 중년보다 더 쉽게 우는 경향이 있으나, 그것은 다양한 이유 때문이다. 노인은 흔히 애정과 기쁨으로 인해 운다. 왜냐하면 함께 결합된 이 두 정념은 심장으로 피를 많이 보내고, 또한 심장에서 눈으로 많은 기체를 보내기 때문이다. 그리고 이 기체의 흔들림은 자연적인 차가움으로 인해 너무나 지연되어서, 아무런 슬픔이 선행하지 않더라도 쉽게 눈물로 바뀐다. 어떤 노인이 역시 불화(반목)로 인해서도 아주 쉽게 운다면, 그것은 몸의 체질 때문이라기보다는 몸에 배치해 있는 정신[88]의 기질 때문이다. 그리고 그것은 단지 고통, 두려움, 연민의 사소한 소재에 자신이 완전히 압도되도록 내버려두는 아주 연약한 사람에게서만 생길 뿐이다. 아이에게서도 같은 일이 일어난다. 아이는 기쁠 때는 전혀 울지 않으나 슬플 때는 쉽게 울고, 심지어는 슬픔이 사랑을 수반하지 않을 때도 쉽게 우는 일이 일어난다. 왜냐하면 아이는 많은 기체를 생산하는 데 충분한 피를 항상 지니기 때문이다. 그리고 슬픔에 의해 기체의 운동이 지연될 때 기체는 눈물로 바뀐다.

[427]

---

[88] 영역본에서는 mind로 번역한다.(*The Philosophical writings of Decartes* I, translated by J. Cottingham, R. Stoothoff, D. Murdoch, Cambridge University Press, 1985, p. 375)

134항 어떤 아이들은 왜 우는 대신에 창백해지는가

그럼에도 화가 났을 때 우는 대신에 창백해지는 아이들이 있다. 그것은 그들 안에 있는 비상한 판단력과 용기를 증명할 수 있는 것이다. 말하자면 그것은 더 나이가 많은 이들이 그러는 것처럼 아이들이 나쁜 것의 크기를 고려하고 그것에 아주 강하게 저항할 것을 준비하는 데서 귀결되는 것일 때 그렇다. 그러나 이것은 더 일반적으로는 (아이들이 지닌) 나쁜 성질의 징후다. 다시 말해 그것은 아이들이 미워하거나 두려워하는 경향, 즉 눈물의 소재를 감소시키는 정념을 가진 것에서 귀결되는 것일 때 그렇다. 그리고 반대로 아주 쉽게 우는 아이들은 사랑하고 연민하는 경향을 지녔음을 보게 된다.

135항 한숨에 대해

한숨이 눈물처럼 슬픔을 전제할지라도 한숨의 원인은 눈물의 원인과 아주 다르다. 왜냐하면 폐가 피로 가득 찼을 때는 울도록 자극받지만 폐가 거의 비었을 때는 한숨을 쉬도록 자극받기 때문이다. 그리고 희망이나 기쁨에 대한 몇 가지 상상은 슬픔이 축소했던 폐정맥의 입구를 연다. 이때 폐 안에 남아 있던 약간의 피는 갑자기 혈관의 폐정맥에 의해 심장의 왼쪽 안으로 떨어지고, 거기에서 이 기쁨에 도달하고자 하는 욕망에 의해 밀려나게 된다. 이와 동시에 욕망은 가로막 diaphragme(횡경막)과 가슴의 모든 근육을 동요시키기 때문에, 공기

[428]

는 피에 의해 비워진 자리를 채우기 위해서 입술을 통해 갑작스럽게 폐(장) 안으로 밀리게 된다. 그리고 이것이 바로 한숨이라고 불리는 것이다.

136항 특별히 어떤 사람에게만 있는 정념의 효과는 어디에서 오는가

정념의 여러 효과나 원인에 대해서 덧붙일 수 있는 모든 것을 여기서 몇 마디로 보완하고자 앞서 서술했던 모든 것에서 강조한 원리를 반복하는 것으로 만족하겠다. 즉 영혼과 몸은 너무도 긴밀히 연관되어 있어서 어떤 신체적 행위를 어떤 특정한 생각과 결합하기만 하면, 그 둘 중의 어느 것도 다른 하나가 현재하지 않고서는 다시 일어나지 않을 것이다. 그리고 그 행동에 결합하는 생각이 사람마다 항상 같은 것은 아니다. 각자가 자신에게서든 타인에게서든, 여기에서 아직 설명되지 않은 특이한 소재를 설명하는 데는 이 원리만으로도 충분하다.[89] 예를 들어 장미 향기나 고양이의 출현[90]이나 그와 유사한 것을

[429]

---

[89] 신체적 운동과 생각의 연합 원리는 모든 경우에 해당하고, 정념에 대한 심리생리학 일반(보통의 심리생리학에 대응하는)과 개별적 심리생리학(병리학의 심리생리학을 포함하는) 모두에 근거를 제공할 수 있다. 첫 번째는 자연에 의해 세워진 관계에 기초를 두고, 두 번째는 획득한 관계, 특별히 어린 시절에 기초를 두고 있다. 그러나 데카르트는 이 둘 다의 통일성과 일관성을 보이려고 하는 데 관심을 둔다.

[90] 예를 들면 앙리 3세는 고양이에 대한 반감을 지니고 있었고, 마리 드 메디치와 기즈의 기사는 장미를 보면 기절했다는 것을 언급할 수 있다.

못 견디는 어떤 사람들의 이상한 반감이 단지 그들이 태어났을 때부터 시작되었을 뿐이라고 생각하는 것은 쉬운 일이다. 그들은 어떤 비슷한 대상에 의해 아주 감정이 상했거나 임신 상태에서 그 대상에 의해 상처를 받았던 그들 어머니의 감정을 동정했을 것이다. 왜냐하면 어머니의 모든 움직임과 배에 있는 아이의 움직임 사이에는 연관이 있어서, 하나에 해로운 것은 다른 하나에 해롭다는 것이 확실하기 때문이다. 그리고 장미 향기는 아이가 아직 요람에 있었을 때 아이에게 커다란 두통을 일으켰을 수도 있고 고양이가 아이를 아주 겁에 질리게 했을 수도 있다. 아무도 그것에 주의하거나 나중에 그것에 대한 기억을 갖지 못해도,[91] 아이가 그때 그 장미나 고양이에 대해 지니는 반감의 관념은 그의 삶〔생명〕 끝까지 그의 뇌에 깊이 새겨진다.

137항 여기서 설명된 다섯 정념이 몸과 연관된 범위 내에서 지닌 용도에 대해

사랑, 미움, 욕망, 기쁨, 슬픔의 정의를 제시했고, 그 정념들을 일으키거나 수반하는 모든 신체적 움직임을 다룬 이상, 이제 그 정념들의 용도를 고려하는 것만이 과제로 남아 있다. 이 점과 관련해 자연 체 [430]

---

91 데카르트는 심리학자처럼 우리가 우리 정념을 결정하게 되었던 첫 번째의 정신적 외상, 즉 심한 충격이 있는 무의식을 내세운다. 즉 프로이트처럼 어린 시절의 중요성, 나아가 태아 시기의 중요성까지도 강조한다. 그러나 데카르트에게 있어서는 어떤 억압도, 신경증의 심리-기원적인 것도 없다. 그는 단지 망각을 내세울 뿐이다.

제를 따르면, 그 정념들은 모두 몸과 연관되어 있으며 영혼이 몸과 결합된 한에서 영혼에 주어진다는 것을 주목해야 한다. 그래서 그 정념의 자연적(타고난) 용도는 몸을 보존하거나 몸을 어떤 방식으로 더 완벽하게 하는 데 사용될 수 있는 작용에 영혼이 동의하고 동참하도록 자극하는 데 있다. 그리고 이렇게 몸에 대한 유용성의 관점에서 보자면 슬픔과 기쁨은 처음으로 사용되는 두 정념이다.[92] 왜냐하면 영혼은 몸에 해로운 것에 대해 고통을 갖는 감정으로 인해 즉각적으로 경각되기 때문인데, 이를 통해 처음으로 슬픔의 정념이 생기고, 뒤이어 이 고통을 일으키는 것에 대한 미움이, 그리고 세 번째로 고통에서 해방되려는 욕망이 생긴다. 또한 영혼은 몸에 유익한 것을 일종의 간지럼을 통해 즉각적으로 알리기 때문에, 그 안에서 기쁨이 불러일으켜지고, 뒤이어 우리가 기쁨의 원인이라 믿는 사랑이 생기며, 마지막으로 나중에 이 기쁨을 지속하게 만들 수 있는 것이나 그와 비슷한 것을 얻으려는 욕망이 생긴다. 이것은 다섯 가지 정념 모두 몸의 관점에서 아주 유용한 것이라는 것과, 슬픔이 어떤 면에서는 처음(우선)이고 기쁨보다 더 필요하며, 미움이 사랑보다 우선이고 더 필요하다는 것을 알게 한다. 해롭고 파괴할 수 있는 것을 밀어내는 것은 우리가 그것 없이도 존속할 수 있는 어떤 완벽함을 보태는 것을 얻는 것보다 더 중요하기 때문이다.

---

[92] 몸은 영혼에 맡겨지고, 영혼의 목적은 몸의 보전이며, 정념은 영혼이 이 목적에 이르도록 돕는다. 이러한 의미에서 정념의 용도는 우선적으로 생물학적이다. 정념은 고통과 즐거움에 의해서 몸에 유해한 것과 유용한 것을 알려준다.

138항 다섯 정념의 결점과 그 결점을 교정하는 방법에 대해 [431]

정념들의 이러한 기능은 그 정념들이 지닐 수 있는 가장 자연스러운 것임에도, 그리고 이성을 결여한 모든 동물은 단순히 신체적 운동을 통해 삶을 이끌어가는데, 이것이 우리가 습관적으로 우리의 정념을 따라서 하는 운동과 정념이 자극해 영혼이 하고자 동의한 운동과 유사함에도, 그 정념들의 그런 기능이 언제나 좋은 것은 아니다.[93] 몸에 해로운 어떤 것들은 처음에는 슬픔을 일으키지 않고 심지어는 기쁨을 생산하기도 하기 때문에 처음에는 거북할 수 있어도 몸에 유용한 다른 것들도 있다. 게다가 그 정념들은 자신이 표상하는 나쁜 것만큼이나 좋은 것을 실제보다 거의 항상 크고 중요하게 보이게 만든다. 그래서 그 정념들은 지나치게 더 많은 열정과 관심을 지니고 좋은 것들을 찾게 하고 나쁜 것들은 피하도록 자극한다. 이와 마찬가지로 짐승이 함정에 자주 속고, 사소한 나쁜 것들을 피하기 위해 더 커다란 나쁜 것으로 달려드는 것을 보게 된다. 그 때문에 좋은 것을 나쁜 것과 구별하고 좋은 것을 나쁜 것이라고 간주하지 않으며 과도한 자극을 받지 않도록 그것들의 정확한 가치를 알기 위해 경험과 이성을 사용해야만 한다.

---

93 여기서 인간의 운동은 동물의 운동과 구별된다. 인간에게는 자극이나 흥분과 거기에 대응하는 운동 사이에 자유의 씨앗, 근원을 포함하고 정념의 태생적 용도를 교정하도록 허락하는 의식의 영역이 있다.

[432] 139항 그 정념들이 영혼에 속하는 범위 내에서 그것들의 용도에 대해—첫 번째로 사랑에 대해

우리 안에 단지 몸만을 지니거나 몸이 최고 부분이라면, 그것으로 충분할 것이다. 그러나 몸이 단지 하위 부분인 만큼 정념을 그것들이 영혼에 속하는 범위 내에서 주요하게 고려해야 한다. 이러한 맥락에서 기쁨과 슬픔이 인식의 종류로서 인식의 장소를 차지할 때를 제외하고, 사랑이나 미움은 인식에서 오고 기쁨과 슬픔에 선행한다. 그리고 이 인식이 참일 때, 다시 말해 인식이 우리에게 좋다고 평가하는 것이 참으로 좋은 것이고 밉다고 평가하는 것이 참으로 나쁜 것일 때, 사랑은 미움과는 비교할 수 없을 정도로 최상의 것이다. 사랑은 아무리 커도 지나치지 않고 항상 기쁨을 생산하는 것을 결코 소홀히 하지 않는다. 나는 이 사랑이 지극히 좋은 것이라고 말한다. 왜냐하면 사랑은 우리에게 진실로 좋은 것을 결합하며, 그만큼 우리를 완전하게 하기 때문이다. 나는 또한 사랑이 아무리 커도 지나치지 않다고 말한다. 왜냐하면 최상의 지나침이 만들어낼 수 있는 모든 것은 우리를 아주 완벽하게 이 좋은 것들에 결합시키는 것이기 때문이다. 그래서 특별히 우리 자신에 대해서 갖는 사랑은 우리 자신과 그 대상을 전혀 구분하지 않는데, 왜냐하면 내가 믿는 것이 나쁜 것이라고는 결코 생각할 수 없기 때문이다. 그리고 사랑에는 필연적으로 기쁨이 따라오는데, 그것은 사랑이 우리가 좋아하는 것을 우리에게 속해 있는 좋은 것처럼 표상하기 때문이다.

140항 미움에 대해 [433]

반대로 미움은 그것이 아주 미미하다 할지라도 해롭지 않을 수 없다. 그리고 미움은 슬픔이 없이는 결코 존재하지 않는다. 나는 미움이 아무리 작다고 해도 지나치게 작지는 않다고 말하는데, 나쁜 것에 대한 미움에 의해서는 어떤 작용에도 자극받지 않게 되지만, 적어도 좋은 것과 나쁜 것이 충분히 알려져 있다면 좋은 것에 대한 사랑(나쁜 것에 대한 미움의 반대인)에 더 잘 자극받을 수 있게 되기 때문이다. 또한 단지 고통에 의해서만 드러나는 나쁜 것에 대한 미움은 몸에 비추어보아 필요하다고 보기 때문이다. 그러나 여기서 나는 단지 분명한 인식에서 오는 미움만을 말할 뿐이며 그것을 오직 영혼에만 연관시킨다. 또한 나는 미움은 슬픔이 없이는 결코 존재하지 않는다고 말한다. (그 이유는 다음과 같다.) 나쁜 것은 단지 결여이기에, 그 안에 존재하는 어떤 실재적인 주체 없이는 지각될 수 없다. 그리고 모든 실재는 자신 안에 좋음을 지니고 있고, 그 결과 우리를 어떤 나쁜 것에서 멀어지게 하는 미움은 같은 방법으로 우리를 그 나쁜 것과 결합한 좋은 것에서도 멀어지게 한다. 그리고 좋은 것의 결여는 영혼에 속해 있는 오류처럼 표상되기 때문에 영혼 안에서 슬픔을 일으킨다. 예를 들면 어떤 사람의 나쁜 품행에서 우리를 떠나게 하는 미움은 같은 방법으로 그와의 교제에서도 떠나게 하는데, 그렇지 않다면 이 교제에서 결여될 때 화를 내도록 만드는 어떤 좋은 것을 발견할 수도 있었을 것이다. 그리고 그와 같이 우리는 다른 모든 미움에서 슬픔의 어떤 소재(요인)를 주목할 수 있다.

141항 욕망, 기쁨, 슬픔에 대해

욕망에 대해 말하자면, 그것이 참된 인식에서 행해졌다면 나쁜 것일 수 없다는 것은 분명하다. 욕망이 전혀 과도하지 않고 그 인식이 욕망을 규제하기만 한다면 말이다. 또한 영혼에 비추어보아 기쁨이 좋지 않을 수도 없고 슬픔이 나쁘지 않을 수도 없다는 것도 분명하다. 왜냐하면 영혼이 나쁜 것에서 받는 모든 불편함이 후자(슬픔) 안에서 성립하고, 영혼에 속한 좋은 것의 향유가 전자(기쁨)에서 성립하기 때문이다. 이 결과로 인해 우리가 몸을 전혀 지니지 않는다면, 사랑과 기쁨에 우리를 지나치게 내던지거나 미움과 슬픔을 너무 피하려 하지 않을 수도 있을 것이라고 감히 말할 수 있을 것이다. 그러나 그 정념들을 동반하는 신체적 움직임은 그 정념들이 너무 과격하면 모두 건강에 해로울 수 있고, 반대로 그 정념들이 절제되었을 때만 건강에 유용할 수 있다.

142항 슬픔과 미움에 비교한 기쁨과 사랑에 대해

뿐만 아니라 미움과 슬픔은 그것이 참된 인식에서 생겼을 때조차도 영혼에 의해 거부되어야만 하는데, 하물며 그것들이 잘못된 견해에서 올 때는 더욱 그러하다. 그러나 사랑과 기쁨의 경우 그것들이 잘못된 견해의 불충분한 근거에서 온다면, 그것들이 좋은 것인지 좋지 않은 것인지 의심할 수 있다. 그리고 사랑과 기쁨을 영혼의 견지에서 그 자체로만 정확하게 고려한다면, 그것들이 최상의 근거를 지닐 때보다 기쁨이 덜 견고하고 사랑이 영혼에 덜 유리하다 할지라도, 충분한 근거가 없는 슬픔과 미움보다 더 바람직하다고 말할 수밖에 없어 보인다. 그래서 우연히 저지르게 되는 오류들을 피할 수 없는 삶(인생)의 만남들에서, 나쁜 것과 관련되는 정념을 향하기보다는 좋은 것을 지향하는 정념으로 더 많이 기우는 것이, 그것이 단지 나쁜 것을 피하기 위한 것일지라도 항상 더 낫고, 또한 거짓 기쁨조차도 그 원인이 참인 슬픔보다는 흔히 더 낫다.[94] 그러나 미움의 견지에서 보았을 때 사랑도 그와 같다고는 감히 말하지 못하겠다. 왜냐하면 미움이 정당할 때, 그것은 분리되는 것이 좋은 나쁜 것을 내포하는 소재(요인)에서만 우리를 멀어지게 할 뿐이기 때문이다. 대신에 부당한 사랑은 우리를 해할 수 있는 것 또는 적어도 크게 고려할 가치가 없는 것과 우리를 결합시키기 때문인데, 이것이 우리 품위를 떨어뜨리고 비굴하게 만드는 것이다.[95]

143항 욕망에 연관된 범위 내에서 위와 같은 정념들에 대해

그리고 방금 네 가지 정념들에 대해 말한 것은 그것들이 바로 그 자체로 고려되고 우리에게 어떤 작용도 가져오지 않을 때 일어난다는

---

94 〈엘리자베스에게 보내는 1645년 10월 6일 편지〉 참조.
95 〈크리스틴에게 보내는 1647년 2월 1일 편지〉 참조.

[436] 것을 정확하게 주목할 필요가 있다. 왜냐하면 그 정념들이 우리 안에서 욕망을 일으키고 그로 인해 품행을 조절하는데, 거짓된 원인을 지니고 있는 모든 정념은 해로운 반면, 정당한 원인을 가지고 있는 정념은 유용하다는 것은 확실하기 때문이다. 그리고 그 정념들이 잘못된 근거를 지니고 있을 때조차 기쁨은 보통 슬픔보다 더 해롭다. 왜냐하면 슬픔은 자제와 두려움을 주면서 어떤 방식으로든 신중한 경향으로 기우는 대신에, 기쁨은 기쁨에 빠진 이들을 지각없고 무모하게 만들기 때문이다.

144항 일의 결과가 단지 우리에게만 의존하는 욕망에 대해

그러나 그 정념들(사랑, 기쁨, 미움, 슬픔)은 그것들이 우리에게 일으키는 욕망의 매개를 통하지 않고는 어떤 작용도 이끌 수 없기 때문에, 우리가 규제하기 위해 신경을 써야만 하는 것은 특별히 이 욕망이다. 그리고 도덕의 주요한 유용성은 그 점에 있다. 그런데 참된 인식을 따를 때는 욕망이 항상 좋은 것이라고 말했던 것처럼, 욕망이 어떤 오류에 근거할 때는 나쁜 것이 아닐 수 없다. 그리고 욕망에 대해 가장 일반적으로 저지르는 오류는 우리에게 의존하지 않는 것과 우리에게 완전하게 의존하는 것을 충분히 구분하지 못하는 데 있는 것으로 보인다.[96] 왜냐하면 단지 우리에게만, 즉 자유의지에만 의존하는

---

96 〈엘리자베스에게 보내는 1645년 8월 4일 편지〉 참조.

것에 대해서 말하자면, 그것을 열렬히 욕망하도록 할 수 있기 위해서는 그것이 좋은 것이라는 것을 아는 것으로 충분하며, 우리에게 의존하는 좋은 것을 하는 것은 덕을 따르는 것이고, 우리가 덕에 대해 아무리 욕망을 가져도 지나치지 않다는 것은 확실하기 때문이다. 이러한 방식으로 욕망하는 것을 얻는 데 실패할 수는 없는데, 왜냐하면 그것이 의존하는 것은 단지 우리뿐이기 때문이며, 거기에서 우리는 기대했던 모든 만족을 항상 얻을 수 있기 때문이다. 이러한 것에서 흔히 저지르게 되는 오류는 너무 많이 욕망한다는 것이 결코 아니라 적게 욕망한다는 것, 단지 그것뿐이다. 그리고 이러한 오류를 막는 최상의 구제책은 덜 유용한 모든 종류의 욕망에서 가능한 한 정신을 해방시키고, 나아가 욕망하는 것의 좋은 점을 주의 깊게 검토하고 아주 분명하게 알고자 노력하는 데 있다.

[437]

145항 다른 원인에 의존하는 욕망에 대해. 그리고 운이란 무엇인가

우리에게 전혀 의존하지 않는 것에 대해서 말하자면, 그것이 있을 수 있는 한에서 좋은 것이어도 결코 그것을 정열적으로 욕망해서는 안 되는데, 그것이 일어나지 않을 수 있고, 무언가를 더욱 강하게 원할수록 그것을 얻지 못할 경우 더욱 크게 상심하기 때문만이 아니라, 특히 그것에 우리 생각이 집중되면서, 우리에게 의존하는 다른 사물을 얻는 것으로 우리 애정의 방향을 바꾸기 때문이다. 그리고 이 공

[438] 허한 욕망에 대해서는 일반적인 구제책이 두 가지 있다. 첫 번째는 관대함인데, 이것에 대해서는 나중에 말할 것이다. 두 번째는 신의 섭리에 대해서 자주 반성해야만 하고 이 신의 섭리에 의해서 모든 영원성이 결정되었다는 것 외의 다른 방식으로는 어떤 것도 발생할 수 없다고 표상해야만 한다는 것이다. 그래서 신의 섭리는 운명이나 부동의 필연성과 같은 것이므로 운(운수)에 대립시켜야 하고, 그래서 운을 단지 지성의 오류에서 올 뿐인 환각처럼 파괴해야 한다. 왜냐하면 어떤 방식으로든 가능하다고 평가되는 것을 욕망할 수 있을 뿐이기 때문이다. 그리고 우리에게 전혀 의존하지 않는 것은 단지 다음과 같이 평가할 수 있다. 즉 그것이 행운에 의존한다고 생각하는 한에서, 다시 말해 그것이 발생할 수 있고 그것과 비슷한 것이 예전에 일어났었다고 판단하는 것이다. 그런데 그렇게 생각하게 되는 유일한 이유는 각 효과에 부여되는 모든 원인을 우리가 알지 못하기 때문이다. 왜냐하면 운에 의존한다고 평가했던 것이 일어나지 않았을 때, 그것은 그 일을 생산하기 위해서 필요했던 원인 가운데 몇 가지가 결여되었다는 것을 증명하며, 결과적으로 그것은 절대로 불가능했다는 것을, 또한 그와 비슷한 일, 다시 말해 비슷한 원인을 결여한 생산은 결코 일어나지 않았다는 것을 증명하기 때문이다. 그래서 이전에 그것에 대해 절대 무지하지 않았다면, 그것을 결코 가능한 것으로 평가하지 않았을 것이고, 결과적으로 그것을 욕망하지도 않았을 것이다.

146항 우리와 타인에 의존하는 것에 대해 [439]

그러므로 우리 외부에 즐거움에 따라 사건을 일어나게 하거나 일어나지 않게 하는 운이 있다는 저속한 견해를 버려야만 한다. 그리고 모든 것이 신의 섭리에 이끌린다는 것을 알아야 한다. 신의 섭리의 영원한 뜻 décret(명령)[97]은 아주 무오류적이고(과오를 범하지 않고) 부동이어서, 이 뜻이 우리 자유의지에 의존하기를 바랐던 것을 제외하고, 일어나는 모든 것은 우리 관점에 필연적이고 치명적인 것으로 일어난다고 생각해야만 한다. 그래서 (신의 명령 외에) 다른 방식으로 일어나는 것을 오류 없이는 욕망할 수 없다. (그러나) 욕망 대부분은 우리 모두와 타인 모두에게도 의존하지 않는 것들에 펼쳐져 있기 때문에, 욕망이 단지 우리에게 의존하는 것에만 펼쳐지게 하기 위해서 그 둘을 정확하게 구별해야만 한다. 그리고 그 밖의 것에 대해 말하자면, 욕망의 성취가 전적으로 치명적이고 부동적인 성공이라 간주해야 함에도, 욕망이 그것에 완전히 사로잡히지 않도록 하기 위해서 그것을 더나 덜 희망하게 만드는 이유를 고려해야만 하는데, 그것은 그 이유가 행위를 규제하는 데 사용되도록 하기 위해서다. 예를 들어 다른 두 길로 갈 수 있는 어떤 장소에서 할 일이 있을 때, 우리는 한쪽 길이 다른 길보다 훨씬 더 안전하다고 보는 경향이 있다. 아마도 신의 뜻이 두 가지 길 중 가장 안전하다고 평가되는 길로 갈 때 도둑맞지 않을 것이라는 것임에도, 반대로 다른 한 길로 가도 아무런 위험 없이 [440]

---

97 Le décret de la Providence를 보통 '신의 뜻'으로 옮긴다.

지나갈 수 있다. 그럼에도 그러한 이유로 두 길 중 하나를 선택하는 것에 무관심해하거나 그 뜻의 확고부동한 불가피성에 선택을 일임하지도 말아야 한다. 그러나 이성은 습관적으로 가장 안전한 것이 된 길을 선택하기를 바란다. 그리고 욕망은 이 경우에 있어서 성취감을 느껴야만 하는데, 그 길을 따라 갔을 때 어떤 나쁜 것이 우리에게 일어날지라도, 이 나쁜 것이 우리 관점에서는 피할 수 없는 것이어서 그것에서 면제되기를 원하는 어떤 소재(주제)도 갖지 못하나, 단지 지성이 알 수 있었던 것에서 (내가 우리가 그러했다고 가정하는 것처럼) 최선을 다하는 것만을 할 수 있었기 때문이다. 그리고 이처럼 운의 불가피성을 구분하는 훈련을 할 때, 수월하게 욕망을 규제하는 습관을 갖게 된다는 것은 확실하고, 그래서 욕망의 성취가 단지 우리에게 달려있는 만큼, 그 성취는 항상 완전한 만족을 줄 수 있다.

147항 영혼의 내적 동요에 대해

여기서 단지 한 가지의 고찰을 덧붙일 것인데, 이것은 정념에서 오는 어떤 불편함을 겪는 것을 방지하는 데 많이 사용될 것으로 보인다. 그것은 우리에게 좋은 것과 나쁜 것이 특별히 영혼에서 영혼 자신에 의해서만 불러일으켜지는 내적 동요에 의존한다는 것인데, 이 점에서 그 동요는 항상 정기의 어떤 운동에 의존하는 정념과 다르다. 그리고 영혼의 동요가 흔히는 그와 비슷한 정념과 결합할지라도, 그 동요는 다른 정념과도 역시 빈번히 만날 수 있고 그 동요와 반대되는

[441]

정념에서조차도 생길 수 있다. 예를 들어 어떤 남편이 자신의 죽은 아내를 애도할 때, 그 아내가 다시 살아난다고 생각하면 화가 나게 될지라도(때로 있는 일처럼), 장례 도구와 습관적이었던 대화를 통해 한 사람의 부재가 그의 내부에서 불러일으키는 슬픔으로 인해 심장이 조이는 것은 있을 수 있는 일이다. 그리고 그의 상상에 나타나는 사랑이나 동정의 몇 가지 흔적이 그의 눈에서 진정한 눈물을 흘리게 하는 것은 있을 수 있는 일이다. 그럼에도 그는 영혼의 가장 깊숙한 내부에서 은밀한 기쁨을 느끼며, 이 기쁨의 동요는 슬픔과 슬픔을 동반하는 눈물이 그 동요의 힘을 전혀 감소시킬 수 없을 정도의 힘을 지니고 있다. 그리고 괴이한 탐험을 책에서 읽을 때나 그것이 극장에서 재현되는 것을 볼 때, 그것은 우리 안에서 때로는 슬픔을, 때로는 기쁨이나 사랑 또는 미움을, 그리고 일반적으로는 모든 정념을 상상에 제공되는 대상의 다양성에 따라서 일으킨다. 그러나 또한 우리 안에서 일어나는 이러한 정념을 느끼는 것에서도 즐거움을 갖게 된다. 그리고 이 즐거움은 다른 모든 정념과 마찬가지로 슬픔을 일으킬 수 있는 지적 기쁨이다.

148항 덕을 훈련하는 것은 정념에 대항하는 최상의 구제책이다

그런데 이 내적 동요는 우리와 가장 내밀하게 접촉하며, 결과적으로 그 동요와는 다르면서 그 동요와 함께 부딪히는 정념보다 우리에 대해 훨씬 많은 힘을 지니므로, 영혼이 자기 내부에 만족을 주는 것을

[442]

항상 지니고 있기만 하다면, 다른 곳에서 오는 모든 혼란은 영혼을 해할 힘을 지니지 않는다는 것이 확실하다. 그러나 오히려 혼란은 영혼의 기쁨을 증가시키는 데 사용되는데, 영혼은 자신이 혼란에 의해 훼손될 수 없음을 보면서 영혼 자신의 완벽함을 알게 된다. 그리고 영혼이 그처럼 만족할 것을 지니기 위해서는 영혼이 덕을 정확하게 따르는 것만이 필요하다. 왜냐하면 어떤 이가 자신이 최상이라 판단한 모든 것(내가 여기서 '덕에 대한 추구'라고 부르는 것)을 하는 것을 결코 놓친 적이 없어서 그의 양심conscience이 그를 비난할 수 없도록 살았다면, 그는 그를 행복하게 해주는 아주 강한 힘인 만족을 얻어서, 정념의 가장 강력한 수고들도 영혼의 고요함을 혼란스럽게 하기에 충분한 힘을 결코 지니지 못하기 때문이다.[98]

---

[98] 〈엘리자베스에게 보내는 1645년 8월 4일 편지〉와 〈크리스틴에게 보내는 1647년 11월 20일 편지〉 참조.

3부

특수한 정념들에 대해

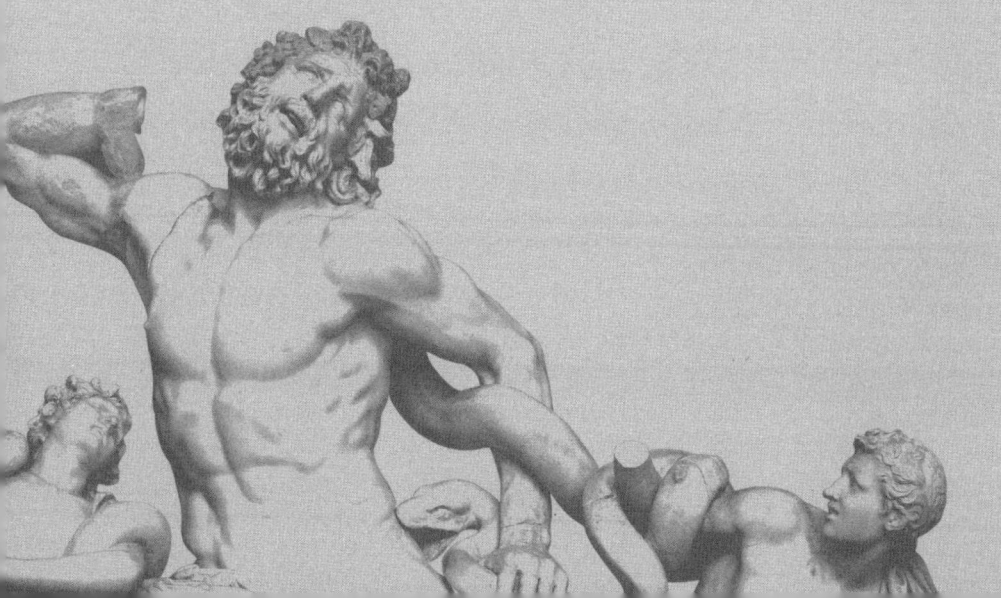

149항 존경과 무시에 대해

[443]

기본적인 여섯 가지 정념을 설명한 후이므로—이 정념들은 종espèces에 해당하는 다른 모든 정념들의 유genres다—여기서 이 여섯 가지 정념 외에 다른 정념 각각에서 특별한 것을 간략히 주목할 것이다. 그리고 위에서 열거했던 것과 동일한 순서를 채택할 것이다.[99] 처음 두 가지는 존경과 무시다. 왜냐하면 이 이름들이 통상 단지 우리가 각 사물의 가치에 대해 정념 없이 지니는 견해를 의미한다 할지라도, 이 견해들에서 특별한 이름을 부여한 적이 전혀 없는 정념이 흔히 생겨나기 때문에, 이 이름들(존경과 무시)을 정념에 부여할 수 있는 것처럼 보인다. 그리고 존경은, 그것이 정념인 한에서, 평가된 사물의 가 [444] 치를 표상하는 영혼이 갖는 경향이다. 이 경향은 뇌로 인도되어 그곳에서 이 주제(평가된 사물)에 관련된 인상을 강화하는 정기의 아주 특수한 운동에 의해 생겨난다. 반대로 무시의 정념은 영혼이 무시하는

---

99 데카르트에 따르면 존경과 무시는 유의 종이어서 특수한 정념에 대한 설명을 이 정념들에서 시작하는 것이다. 이어지는 150항에서 이에 대해 설명한다.

3부 특수한 정념들에 대해 141

것의 낮거나 적은 가치를 고려하는 경향으로, 이 적음의 관념을 강화하는 정기의 운동에 의해 생겨난다.

150항 이 두 정념은 단지 경이의 일종일 뿐이다

이처럼 이 두 정념은 단지 경이의 일종이다. 왜냐하면 어떤 대상의 크기(크거나 작음)에 전혀 경이로워하지 않을 때, 이성이 우리에게 해야 하는 것으로 지시하는 상태 이상으로도 이하로도 경이로워하지 못하고, 그 결과 그 대상을 정념 없이 평가하거나 무시하기 때문이다. 그리고 흔히 우리 안에서 사랑에 의해 존경이, 미움에 의해 무시가 일어날지라도 그 경우는 보편적이지 않고, 이 정념들은 단지 우리가 대상에 대해 더나 덜 애정을 갖는 만큼 대상의 크거나 작음을 더나 덜 고려하는 경향에서 일어날 뿐이다.

151항 우리는 자기 자신을 존경하거나 무시할 수 있다

그런데 이 두 정념은 일반적으로 모든 종류의 대상에 연관될 수 있다. 그러나 그 정념들은 우리 자신과 연관될 때, 다시 말해 우리가 우리의 고유한 장점을 평가하거나 무시할 때 특별히 주목할 만하다. 그리고 그 정념들을 일으키는 정기의 운동은 아주 뚜렷해서 얼굴 표정, 몸짓, 걸음걸이, 그리고 일반적으로 평상시보다 더 좋거나 나쁜 자기

자신에 대한 견해를 받아들이는 이의 모든 행동까지도 바꾼다.

152항 우리는 어떤 이유로 스스로를 존경할 수 있는가

그리고 지혜의 중요한 부분 가운데 하나는 각 개인이 어떤 방식과 이유에서 스스로를 존경하고 무시해야만 하는지를 아는 것이기 때문에 여기서 그것에 대한 나의 의견을 말하고자 노력할 것이다.[100] 나는 우리 안에서 우리 자신을 존경할 수 있는 정당한 이유로 오직 단 하나만을 주목할 뿐이다. 즉 우리가 자유의지를 사용한다는 것과 우리가 우리 의지를 지배한다는 것이다. 왜냐하면 자유의지에 의존하는 행위에 대해서만 우리는 칭찬받거나 비난받을 수 있고,[101] 자유의지는 우리 안에서 우리를 스스로의 주인으로 만들면서, 신이 우리에게 부여한 권리를 비겁함으로 인해 절대 잃지만 않는다면, 이를테면 신과 비슷하게 만들기 때문이다.

---

100 데카르트가 《정념론》을 쓰던 당시 도덕학자들의 관심은 귀족의 이상적인 비판과 연관된 개인적 미덕에 집중되어 있었다고 할 수 있다. 데카르트 역시 영혼의 고귀함을 의미하는 관대함이라는 용어를 자신의 철학에서 다루게 되는데, 물론 그의 철학에 맞게 새로운 의미를 부여하면서다. 1641년 이후 데카르트는 인간의 자유에 대해 점점 더 많은 중요성을 두기 시작하는데, 이것도 역시 이 점과 연관된다. 《철학의 원리》와 〈메랑에게 보내는 1645년 편지〉 참조)

101 〈크리스틴에게 보내는 1647년 11월 20일 편지〉 참조.

153항 관대함은 무엇에서 성립하는가

[446] 그래서 나는 한 사람이 자기 자신을 정당하게 평가할 수 있는 최고점에서 평가하게 만드는 진정한 관대함[102]이, 한편으로는 그가 자신에게 진정으로 속하는 것이 의지의 자유로운 자질뿐이고 그가 그것을 잘이나 잘못 사용하는 것에 대해서가 아니면 칭찬받거나 비난받아야만 하는 까닭이 없다는 것을 안다는 것에서 성립한다고 믿는다. 그리고 다른 한편으로는 그가 자신 안에서 자유의지를 잘 사용한다는 것에 대한 확고하고 항상적인 결심[103]을, 다시 말해 그가 최선이라고 판단하는 모든 것을 시도하고 실행하기 위해 결코 의지를 결여하지 않는다는 것을 느끼는 데서 성립한다고 믿는다. 이것이 완벽하게 덕을 따르는 것이다.

154항 관대함은 타인을 무시하지 않도록 막는다

자기 자신에 대해 이러한 인식과 감정을 갖는 이는 다른 사람도 본래 자유의지를 지닌다는 것을 쉽게 확신한다. 왜냐하면 관대함에는 타인에게 의존하는 것이 아무것도 없기 때문이다. 그 때문에 그들은 결코 누구도 무시하지 않는다. 그리고 그들은 다른 사람이 자신의 약함

---

102 데카르트의 진정한 관대함은 우선적으로 참된 판단에 근거하고 있다.
103 〈엘리자베스에게 보내는 1645년 8월 4일 편지〉 참조. 데카르트는 확고함과 항상성을 중요시한다.

을 드러내 보이는 오류를 범하는 것을 이따금 볼지라도, 그들을 비난하기보다 변명하고, 그들이 범하는 것이 선한 의지의 결여에 의한 것이라기보다는 인식의 결여에 의한 것이라 믿는 경향이 있다. 그리고 그들은 더 많은 재산, 명예, 정신 esprit,[104] 지식, 아름다움, 또는 일반적으로 다른 어떤 완벽함에서 자신을 능가하는 이들보다 자신이 훨씬 아래에 있다고는 전혀 생각하지 않으며, 마찬가지로 자신을 능가하는 이들의 훨씬 위로도 자신을 평가하지 않는다. 그것은 이 모든 것들이 선한 의지에 비교해서 그들에게 별로 중요해 보이지 않기 때문이다. [447] 그들은 단지 이 선한 의지와 관련해서 스스로를 평가하고, 선한 의지가 다른 사람들 안에 존재하거나 적어도 존재할 수 있다고 가정한다.

155항 고결한 겸손은 무엇에서 성립하는가

이처럼, 가장 관대한 사람은 또한 보통 가장 겸손하기도 하다. 그리고 고결한 vertueuse(덕이 높은) 겸손은 우리 본성의 나약함과 예전에 범했거나 범했을 수 있는 오류에 대한 반성에서만 성립하는데, 이 오류는 다른 사람이 범할 수 있는 것보다 결코 덜 심각하지 않다. 고결한 겸손은 자기 자신을 남보다 더 선호하지 않고, 다른 사람도 마찬가지로 자유의지를 지니고 그 역시 자유의지를 잘 사용할 수 있으리라 생각하게 하는 원인이다.

---

104 이미 언급했듯이 데카르트에게 있어서는 정신이 영혼과 구분되어 사용된다는 것을 주목할 필요가 있다.

156항 관대함의 속성은 어떤 것이고, 어떻게 관대함은 정념의 모든 무절제에 반하는 구제책으로 구실 하는가

[448] 이러한 방식으로 관대한 이는 자연스럽게 큰일을 떠맡게 되지만, 그럼에도 가능하다고 느껴지지 않는 것은 시도하지 않는다. 관대한 이는 다른 사람에게 좋은 것을 하는 것과 자신의 이익을 무시하는 것을 가장 커다란 것으로 평가하기 때문에, 이 주제에 대해서 각 개인에 마주하여 언제나 완벽하게 정중하고 상냥하며 호의적이다. 이와 더불어 관대한 이는 정념, 특히 욕망, 질투, 부러움의 완벽한 주인이 된다. 왜냐하면 그가 많이 원할 정도로 충분한 가치가 있다고 생각해서 획득하는 것은 오로지 그 자신에게만 달려 있는 것이기 때문이다. 그리고 관대한 이는 사람에 대한 미움에 대해서는 모든 사람을 존경하기 때문에, 무서움에 대해서는 덕 안에 지니는 신뢰가 그를 안심시키기 때문에, 마지막으로 화에 대해서는 타인에 의존하는 모든 것이 아주 적을 뿐이라 그가 자신의 적에게 단지 감정이 상했다는 것을 재인식하는 것 외에 많은 우위를 주지 않았다고 평하면서 완벽하게 정념의 주인이 된다.

157항 오만에 대해

이외에 있을 수 있는 어떤 다른 원인 때문에 자기 자신에 대하여 좋은 견해를 품는 모든 이는 진정한 관대함을 지니지 않고 단지 항상 아주 나쁜 오만만을 지닐 뿐이다. 그리고 존경의 원인이 부당하면 부당할수록 더욱더 오만해진다. 또한 그 오만들 중에서 가장 부당한 것은 아무 이유 없이 오만한 것이다. 다시 말해 이런 이들은 높이 평가되어야만 하는 어떤 가치도 자신 안에 있다고 생각하지 않지만, 단지 공덕의 상태를 전혀 만들지 않으면서도 영광은 찬탈 외에 다른 것이 아니라고 상상하면서 찬탈에 가장 크게 기여하는 이들이 가장 많이 [449] 가져야 한다고 믿기 때문이다. 이러한 악은 아주 비이성적이고 불합리한 나머지, 아무도 부당하게 칭찬받지 않는다면, 그렇게 되는대로 처신하는 사람들이 있다고 믿기 힘들 정도다. 그러나 아첨은 도처에서 공통적이어서 칭찬할 어떤 가치도 없거나 심지어 비난할 가치마저 있는 것에 대해서 칭찬받고 있다는 것을 알지 못할 정도로 결함이 있는 사람은 없다. 이것은 가장 무지하고 어리석은 이들이 이러한 종류의 오만에 빠지게 되는 기회를 준다.

158항 오만의 효과는 관대함의 효과와 반대다

그러나 우리가 자신을 존경하는 이유(원인)가 어떤 것이든, 그 이유가 우리 안에서 자유의지—앞서 말했듯 관대함은 이것에서부터 나온다—를 항상 잘 사용하는 데서 느끼는 의지 외에 다른 것이라면, 그것은 언제나 아주 비난받을 만한 오만을 생산하는데, 이 오만은 진정한 관대함과 아주 달라서 완전하게 반대되는 효과를 지닌다. 왜냐하면 다른 모든 좋은 것, 즉 정신, 아름다움, 부, 명예 등과 같은 것은 적은 수의 사람에게서 발견되는 것인 만큼 보통 더 존경받게 되며, 심지어 그것들 중 대부분은 여러 사람에게 전달될 수 없는 그런 본성이기도 하기 때문이다. 이 점은 오만한 사람이 다른 모든 사람을 비굴하게 만들려고 애쓰게 하며, 자신의 욕망의 노예가 되어 미움, 선망, 질투, 또는 화로 끊임없이 동요된 영혼을 갖게 만든다.

[450] 159항 그릇된 겸손에 대해

비열함이나 그릇된 겸손에 대해서 말하자면, 그것은 우리가 약하거나 별로 단호하지 않음을 느낀다는 것에서, 그리고 무엇보다도 마치 자유의지를 충분히 사용하지 못하는 양, 나중에 후회하리라 알고 있는 것을 기어코 행하게 되는 데서 성립한다. 그리고 나서 또한 우리 자신이 존속시킬 수 없고 타인에 의존해 획득할 수 있는 여러 가지 것이 없이는 무언가를 할 수 없다고 믿는 데서 성립한다. 이처럼 그릇된 겸손은 관대함에 직접적으로 반대된다. 그리고 가장 저속한 정신을 지닌 이가 가장 오만하고 화려한 것에 상응해 가장 관대한 이는 가장 겸허하고 겸손한 일이 흔히 일어난다. 그러나 강하고 관대한 정신을 소유한 이는 자신에게 일어나는 번영의 시기나 역경 때문에 기분을 바꾸지 않는 대신에, 약하고 비열한 이는 우연에 의해서만 인도되고 번영은 역경이 그를 겸손하게 만드는 것 못지않게 거만하게 만든다. 약하고 비열한 이는 약간의 이익이 기대되거나 자신에게 어떤 나쁜 짓을 할까 두려운 이들에게 수치스럽게 굽히고, 동시에 그가 원할 것이나 두려워할 것이 아무것도 없는 이들의 위로 무례하게 올라가는 것을 흔히 볼 수 있다.

160항 이 정념들 안에는 정기의 어떤 운동이 있는가 [451]

게다가 오만과 비열이 악덕일 뿐만 아니라 또한 정념이기도 하다는 것을 아는 것은 쉬운 일이다. 오만과 비열의 동요는 어떤 새로운 상황으로 인해 갑작스럽게 과장되거나 낙심하는 이들에게서 외부로 강하게 나타나기 때문이다. 그러나 덕인 관대함과 겸손 또한 정념인지는 의심할 수 있다. 왜냐하면 관대함과 겸손의 운동은 덜 나타나고, 덕은 악덕만큼 정념에 부합하지 않아 보이기 때문이다. 그러나 여전히 하나의 생각이 잘못된 토대를 지니고 있을 때 그 생각을 강화하는 데 사용되는 같은 정기의 운동이 또한 정당한 토대를 지니고 있는 생각은 강화하지 못하는지 그 이유를 알지 못하겠다. 그리고 오만과 관대함은 단지 우리가 자신에 대해 갖는 좋은 견해에서만 성립할 뿐으로 이 견해가 한편에서는 정당하지 않고 다른 한편에서는 정당하다는 것에서만 다를 뿐이기 때문에, 오만과 관대함을 동일한 정념에 연관시킬 수 있어 보인다. 이 정념은 경이, 기쁨, 그리고 우리 자신에 대해 갖는 사랑 만큼 우리 자신을 존경하게 만드는 것에 대한 사랑이라는 정념의 복합된 운동에 의해 불러일으켜진다. 반대로 겸손을 야기하는 운동은, 그것이 덕스럽든지 악덕스럽든지 간에, 자기 자신을 무시하게 만드는 결점에 대해서 갖는 미움과 섞인 경이, 슬픔, [452]

사랑의 정념으로 구성되어 있다. 그리고 이 두 가지 운동에서 주목되는 차이는 경이에서의 운동이 두 특성을 지닌다는 것에 있다. 첫 번째 특성은 놀라움이 그 시작에서부터 운동을 강하게 만든다는 것이다. 그리고 두 번째 특성은 운동을 지속하는 상태에서는 균등하다는 것인데, 다시 말해 정기가 뇌 안에서 동일한 함유량으로 움직이기를 지속한다는 것이다. 이 특성들 가운데서 첫 번째는 오만과 비열의 상태에서보다는 관대함과 고결한 겸손의 상태에서 더 잘 발견된다. 반대로 후자는 오만이나 비굴함보다 관대함과 고결한 겸손에서 더 잘 드러난다. 그 이유는 악덕이 보통 무지에서 오며, 자신을 가장 잘 모르는 이들이 가장 거만해지고 자신이 그래야만 하는 것보다 더 겸손해지는 경향을 지닌다는 데 있다. 그들은 새롭게 생기는 모든 것에서 놀라게 되고, 그 놀라운 것을 자기 자신에게 부여하게 만들기 때문에, 그들은 그들에게 일어나는 것이 자신에게 유익한지 그렇지 않은지에 따라서 스스로를 경이로워하고, 또한 존경하거나 무시한다. 그러나 그들을 거만하게 하는 것 곁에는 겸손하게 만드는 다른 것이 따르기 때문에 정념의 운동은 가변적이다. 반대로 관대함의 상태와 고결한 겸손 사이에는 양립하지 않는 것도 없으며, 그 둘을 바꿀 수 있는 것도 없다. 이것이 그 운동들을 확고하고 지속적으로 만들며 항상 그들 자신과 아주 비슷하게 만드는 것이다. 그만큼 그 운동들은 놀라움에서 오는 것이 아니다. 왜냐하면 그러한 방식으로 자신을 존경하는 이는 자신을 존경하게 만드는 원인이 어떤 것인지 충분히 알고 있기 때문이다. 그럼에도 다음과 같이 말할 수 있다. 즉 그 원인은 아주

[453] 불가사의해서(우리는 우리가 우리 자신이게 하는 자유의지를 사용할 수 있는

힘을 지니고, 그 힘 안에 있는 주체의 약점은 우리 자신을 지나치게 존경하지 않게끔 한다) 그 원인을 새롭게 표상할 때마다 항상 새로운 경이를 준다.

161항 어떻게 관대함을 얻을 수 있는가

그리고 보통 덕이라고 부르는 것은 어떤 생각들을 하도록 각오하게 하는 영혼의 습관이라는 것을, 그래서 덕은 이 생각들과 다르나 생각들을 생산할 수 있고, 또한 상호적으로 생각에 의해 덕이 생기게 될 수도 있다는 것을 주목할 필요가 있다. 또한 그 생각들은 영혼만으로도 생산될 수 있으나 흔히 정기의 어떤 운동에 의해 강화되고, 그때 그 생각들은 덕의 행위이며 영혼의 정념 전체라는 것을 주목할 필요가 있다. 이처럼, 좋은 태생으로 인해 갖게 되는 덕만큼 우리의 정당한 가치에 의해서만 존경받도록 만드는 덕은 없어 보일지라도, 그리고 신이 우리 몸에 넣은 모든 영혼들이 동일한 정도로 고상하고 강하지 않다는 것은 믿기가 쉬워 보일지라도(이것이 이 덕을 잘 알려지지 않은 스콜라철학의 언어 사용 방식을 따라 고결함 이라고 하기보다는 우리의 언어 사용 방식을 따라 관대함이라고 부르는 까닭이다), 그럼에도 좋은 가르침(교육)이 출생의 결함을 교정하는 데 많은 도움을 준다는 것은 확실하다. 그리고 자유의지가 무엇인가를, 그리고 자유의지를 잘 사용하는 확고한 결의를 갖는 것에 얼마나 커다란 이점이 있는지를 고려하

[454]

---

105 스콜라철학자들에게 고결함은 덕이다. 그 예로 토마스 아퀴나스의 《니코마코스 윤리학 주석Comm. in X libros Ethicorum Aristotelis》(IV, 8)을 참조할 수 있다.

는 데 자주 전념한다면, 또한 다른 한편으로 야심가가 쏟는 모든 염려가 얼마나 헛되고 무익한가를 고려한다면, 우리 자신 안에 정념을 불러일으킬 수 있고 이어서 관대함의 덕을 얻을 수 있다. 관대함은 다른 모든 덕의 열쇠이고 정념의 모든 무절제에 대한 일반적인 구제책이기 때문에, 이러한 고찰은 아주 주목할 만한 가치가 있어 보인다.

162항 숭배에 대해

숭배나 경의는 평가하는 대상을 단지 존경하는 것만이 아니라, 약간 두려움을 가지고 그 대상에 복종하며 그 대상을 호의적으로 만들려고 노력하는 영혼의 경향이다. 그 결과, 어떤 것을 할지는 모르지만 우리에게 좋은 것이나 나쁜 것을 할 것이라고 판단되는 자유 원인에 대해서만 숭배를 할 뿐이다. 왜냐하면 우리는 단지 좋은 것만을 기대하게 하는 것에 대해서는 단순한 숭배보다 사랑과 헌신을 갖고, 우리에게 나쁜 것만을 기대하게 하는 것에 대해서는 미움을 갖기 때문이다. 그리고 이 좋은 것이나 나쁜 것의 원인이 자유롭다고 판단하지 않는다면, 애써 그것을 호의적으로 만들고자 그것에 복종하지는 않게 된다. 이처럼, 이교도들이 숲, 연못, 또는 산을 숭배했을 때, 그들이 [455] 숭배한 것은 문자 그대로 그 죽은 사물들이 아니라, 그들이 거기에 주재한다고 생각했던 신성 divinités이었다. 그리고 이 정념을 일으키는 정기의 운동은 경이를 일으키는 운동과 내가 이후에 말할 두려움을 일으키는 운동으로 구성되어 있다.

163항 경시에 대해

그렇지만 내가 경시라고 부르는 것은 자유로운 원인을 무시하도록 영혼이 다음처럼 판단하면서 갖는 경향이다. 즉 본성적으로 자유 원인은 좋은 것과 나쁜 것을 할 수 있을지라도, 그것은 우리가 감당하지 못할 정도로 아주 강해서 우리에게 좋게 할 수도 없고 나쁘게 할 수도 없다고 판단하는 것이다. 그리고 경시를 일으키는 정기의 운동은 경이와 안심 또는 대담함을 일으키는 것들로 구성되어 있다.

164항 이 두 정념의 용도에 대해

그리고 이 두 정념의 좋고 나쁜 용도를 결정하는 것은 그가 관대함을 지녔는지 아니면 정신의 천함이나 약함을 지녔는지에 의존한다. 왜냐하면 더 고상하고 관대한 영혼을 가지면 가질수록, 우리는 자신에게 속하는 것을 각각의 사람에게 돌려주는 경향이 있기 때문이다. 이처럼 우리는 신 앞에서 아주 깊은 겸손만을 가질 뿐만 아니라, 반감 없이 모든 명예와 인간에게 갖추어야 하는 경의를 이 세상에서 갖는 계급과 권위에 따라서 각각의 사람에게 돌려준다. 그리고 우리는 단지 악덕만을 무시한다. 반대로 저급하고 약한 정신을 갖는 이들에게는 과도함으로 인한 결점이 있다. 그들은 때로 단지 무시할 가치가 있는 것을 숭배하고 두려워하며, 때로는 가장 숭배해야 할 가치가 있는 것을 거만하게 경시한다. 그리고 그들은 흔히 신에 대한 극단적인

[456]

모독에서부터 미신까지, 이어서 미신에서 신의 모독까지 아주 빨리 이동한다. 그래서 그들에게 가능하지 않은 어떤 악덕도, 정신의 어떤 무절제도 없다.

165항 기대와 두려움에 대해

기대는 욕망하는 것이 도래할 것이라고 확신하는 영혼의 경향인데 정기의 특이한 운동, 즉 기쁨과 욕망이 함께 섞인 운동에 의해 생겨난다. 그리고 두려움은 그것이 도래하지 않을 것이라 확신하는 영혼의 다른 경향이다. 그리고 이 두 정념들이 서로 반대라 할지라도, 그 두 가지 모두를 함께 가질 수 있다는 것에 주목할 수 있다. 즉 그것은 동시에 여러 이유를 표상할 때, 한편으로는 욕망의 성취가 쉽다고 판단하고 다른 한편에서는 어려워 보인다고 판단할 때다.

[457] ### 166항 안도와 절망에 대해

그리고 이 정념들 가운데 하나는 다른 하나에 자리를 넘겨주지 않는 욕망을 결코 수반하지 않는다. 왜냐하면 기대가 두려움을 완전하게 쫓아버릴 정도로 아주 강할 때, 기대는 본성을 바꾸게 되고 안도나 확신이라 불리기 때문이다. 그리고 욕망하는 것이 도래할 것이라고 안심할 때, 그것이 도래하기를 계속해서 원할지라도, 불안을 지니고 사건을 추구하게 했던 욕망의 정념으로 동요되는 것을 멈추게 된다. 그렇지만 두려움이 기대가 들어설 모든 공간을 제거할 정도로 아주 극에 있을 때, 이것은 절망으로 변한다. 그리고 절망은 사물을 불가능한 것으로 표상하면서, 가능한 것에만 관련된 욕망을 완전하게 소멸시킨다.

167항 질투에 대해

질투는 어떤 좋은 것을 계속해서 소유하려고 하는 욕망과 연관된 두려움의 일종이다. 그리고 질투는 그 좋은 것을 잃어버릴 수도 있다고 판단하게 하는 이유들의 힘에서 온다기보다는 높은 존경에서 오는데, 이것은 최소한의 의심스러운 주제들까지 검토하게 하는 원인이다. 그리고 그 주제들은 아주 신중하게 고려할 만한 이유로 간주된다.

168항 어떤 점에서 질투는 타당할 수 있는가 [458]

그리고 사소한 것보다는 아주 커다란 좋은 것을 유지하는 데 더 신경을 써야 하기 때문에, 이 정념은 어떤 경우에는 정당하고 타당하다 할 수 있다. 예를 들면 아주 중요한 지위를 갖는 지휘관은 질투할 권리, 즉 자신의 자리가 기습당할 수 있는 모든 방법을 경계할 권리를 갖는다. 그리고 정숙한 여자는 자신의 명예에 대해 질투한다고 해서,

다시 말해 단지 비행을 조심할 뿐만 아니라 비방받을 지극히 사소한 주제까지도 피한다고 해서 비난받지 않는다.

169항 어떤 점에서 질투는 비난받을 만한가

그러나 수전노가 자신의 보물을 질투할 때, 다시 말해 보물을 선망의 눈으로 바라보고 도둑맞지 않을까 하는 무서움으로 결코 보물에서 떨어지지 않을 때 그를 비웃게 된다. 왜냐하면 돈은 그 같은 정도의 보살핌으로 지켜야 할 가치가 없기 때문이다. 그리고 우리는 자신의 부인을 질투하는 남자를 경멸한다. 왜냐하면 그것은 그가 부인을 올바른 방식으로 사랑하고 있지 않다는 것과, 자기 자신이나 그녀에 대해 나쁜 견해를 지니고 있음을 증명하는 것이기 때문이다. 나는 그가 부인을 올바르게 사랑하지 않는다고 말한다. 왜냐하면 그가 그녀에 대해 진정한 사랑을 지녔다면, 그녀를 의심하는 경향을 전혀 갖지 않을 것이기 때문이다. 그러나 그가 사랑한 것은 정확히 말해서 그녀가 [459] 아니라 그녀를 홀로 소유하는 데 있다는 것을 상상하는 데서 오는 좋은 것일 뿐이다. 그리고 그가 자신에게 그럴 만한 자격이 없다거나 그의 부인이 부정하다고 판단하지 않는다면 그 좋은 것을 잃어버리게 되는 것에 두려움이 없을 것이다. 뿐만 아니라 이 정념은 의혹과 경계심에 연관될 뿐이다. 왜냐하면 정당한 이유로 두려워하는 것과 관련해 어떤 나쁜 것을 피하려고 노력하는 것은 정확히 말해서 질투심을 갖는 것이 아니기 때문이다.

170항 망설임에 대해

망설임도 두려움의 일종으로 영혼이 할 수 있는 여러 행위 사이에서 주저함으로써 영혼을 붙잡고 그로 인해 영혼이 어떤 것도 실행하지 못하게 하는 원인이다. 이처럼 망설임은 영혼이 선택을 내리기 전에 시간을 갖도록 한다. 이 점에서 망설임은 확실히 어떤 좋은 용도를 갖는다. 그러나 망설임이 필요 이상으로 지속된다면, 그리고 행동하기 위해 요구되는 시간을 숙고하는 데 사용된다면, 망설임은 아주 나쁜 것이다. 그런데 나는 망설임이 두려움의 일종이라고 말한다. 똑같이 좋아 보이는 여러 가지 사물 가운데에서 선택을 하게 될 때, 그것에 대해서 어떤 두려움도 갖지 않은 채로 불확실함과 망설임에 머무는 일이 생길 수 있다. 왜냐하면 망설임의 이러한 종류는 단지 현재하는 주제에서 올 뿐이고, 정기의 어떤 동요에서도 오지 않기 때문이다. 따라서 잘못된 선택을 할지도 모른다는 두려움이 불확실함을 증가시킨다면, 망설임은 정념이 아니다. 그러나 이 두려움은 어떤 사람에게서는 아주 일반적이고 강해서, 취하거나 내버려두어야 할 단 한 가지만 있을 뿐 선택할 것이 전혀 없더라도 그들을 사로잡고 있고, [460] 다른 선택 사항을 찾기 위해 쓸데없이 머뭇거리게 만든다. 그러므로 그것은 잘하려는 아주 커다란 욕망에서 오는 망설임의 지나침이고, 어떤 뚜렷하고 구별되는 claire et distinct 개념도 지니지 않아서 그 안에 단지 많은 혼동만을 지니는 지성의 연약함에서 오는 것이다. 그 때문에 이러한 지나침을 막는 구제책은 현재하는 모든 것을 접하면서 확실하고 단정적인 판단을 형성하고, 가장 최선이라고 판단하는 것을 할 때, 그것이 아주 잘못된 판단이었을지라도, 항상 의무를 이행하고 있다고 믿는 것에 익숙해져야 하는 데 있다.

171항 용기와 대담함에 대해

용기는 그것이 정념이고 습관이나 자연적 경향이 아닐 때, 어떤 열 또는 흔들림이다. 이것은 영혼이 하고 싶은 것을, 그것이 어떤 성질의 것이든 강력하게 실행하도록 준비시키는 것이다. 그리고 대담함은 영혼이 가장 위험한 것을 실행하도록 준비시키는 용기의 일종이다.

172항 경쟁심에 대해

[461] 경쟁심도 용기의 일종이지만 그것은 다른 의미에서다. 왜냐하면 용기를 대상의 정도 차이에 따른 종과 원인에 따른 종으로 나뉘는 한 가지 유로 고려할 수 있기 때문이다. 전자의 방식에서는 대담함이 그 한 종류가 되고, 후자의 방식에서는 경쟁심이 그 한 종류다. 그리고 경쟁심은 열일 뿐인데, 그것은 다른 사람이 성공하는 것을 보았기 때문에 (자신도) 성공할 수 있다고 희망하면서 영혼이 도전하도록 준비시키는 것이다. 이처럼 경쟁심은 우리를 자극하는 예시나 모형을 외부 원인에서 갖는 용기의 한 종류다. 여기서 외부 원인을 말하는 것은 경쟁심이 이외에도 항상 내적 원인을 가져야만 하기 때문이다. 이

내적 원인은 욕망과 기대가 다량의 피를 심장으로 가게 하는 힘이, 두려움이나 절망이 그렇게 하지 못하도록 막는 힘보다 더 크도록 아주 잘 준비된 몸을 갖는 것에서 성립한다.

173항 대담함은 어떻게 기대에 의존하는가

다음은 주목할 만하기 때문이다. 대담함의 대상에는 보통 두려움이나 심지어 절망마저 따른다는 어려움이 있어서 대담함과 용기가 최고조로 기능하는 것은 가장 위험하고 절망적인 일이다. 그렇지만 목적을 이룰 것이라고 희망하거나 안심함으로써 장차 마주하게 될 어려움에 힘차게 맞설 필요가 있다. 그러나 이 목적은 그 대상과 다르다. 왜냐하면 동일한 일에서 안심하면서 동시에 절망할 수는 없기 때문이다. 따라서 데키우스 가문의 사람들이 적들 사이로 몸을 내던지고 명백한 죽음에로 내달렸을 때, 그들에게 대담함의 대상은 이 행위를 하는 동안 그들의 삶을 보존하는 데 대한 어려움이었으며, 이에 대해서 그들은 단지 절망만을 가졌다. 왜냐하면 그들은 죽을 것이라 확신했기 때문이다. 그러나 그들의 목적은 그들이 죽어 본보기가 됨으로써 군인들을 고무시키고 그들이 기대하는 승리를 만드는 것이었다. 그것이 아니라면 그들의 목적은 그들이 확신했던 죽음 이후에 영광을 갖는 것이었다.[106]

[462]

---

106 데키우스 무스는 기원전 344년 로마 집정관이었다. 그는 베세리스에서 적들에게 뛰어들었고, 그의 아들은 기원전 295년 센티눔 전투에서, 그의 손자 역시 아스쿠룸 전투에

174항 비겁함과 무서움에 대해

비겁함은 용기에 직접적으로 반대되고, 영혼이 비겁함이라는 이 정념이 없었다면 했을 것을 실행하지 못하도록 하는 무기력 또는 냉담이다. 그리고 대담함에 반대되는 두려움이나 격렬한 공포는 냉담일 뿐만 아니라 영혼의 혼란이자 놀람이다. 이것은 영혼이 자신의 가까이에 있다고 생각하는 나쁜 것에 저항하는 힘을 없앤다.

175항 비겁함의 용도에 대해

[463] 그런데 자연이 인간에게 항상 악질적이면서 좋고 칭찬할 만한 용도는 전혀 지니지 않은 어떤 정념을 주었다고 확신할 수 없음에도, 이 두 정념(비겁함과 두려움)이 무엇에 소용될 수 있는지를 추측하는 것은 어렵다. 비겁함은 어떤 노력을 무익하다고 판단하게 만드는 어떤 확실한 이유에 의해서 일으켜진 것이 아니라, 어떤 그럴듯해 보이는 이유에 의해서 일으켜져 우리가 취하도록 자극받을 수 있는 고통에서 면하게 할 때만 어떤 용도를 갖는 것으로 보인다. 왜냐하면 비겁함은 영혼을 고통에서 면하게 하는 것 외에도, 몸을 위해서 정기의 운동을 지연시키면서 우리가 힘을 분산시키지 않도록 하는 데 유용하기 때문이다. 그러나 보통 비겁함은 유용한 행동에서 의지를 떼어놓기 때

서 적들에게 뛰어들었다. 데카르트는 이러한 이유에서 데키우스 가문을 예로 든다.

문에 아주 해롭다. 그리고 비겁함은 단지 충분한 기대나 욕망을 지니지 않은 데서 비롯하기 때문에 비겁함을 교정하기 위해서는 자신 안에서 이 두 정념〔기대와 욕망〕을 증가시켜야만 한다.

176항 무서움의 용도에 대해

무서움 또는 공포인 것에 대해서는, 그것이 결코 칭찬할 만하거나 유용할 만한 것이 될 수 없다고 본다. 또한 무서움은 특별한 정념도 아니고 단지 비겁함, 놀람, 두려움의 지나침일 뿐인데, 이때의 지나침은 항상 그릇된 것이다. 이처럼 대담함은 우리가 정한 목적이 좋은 것이기만 하다면 항상 좋은 것인 용기의 지나침이다. 그리고 무서움의 주요 원인은 놀라움이기 때문에, 거기에서 벗어나기 위해서는 미리 숙고하고, 걱정이 야기할 수 있는 모든 사건에 대해 준비하는 것보다 더 좋은 것은 없다.

177항 가책에 대해 [464]

양심의 가책은 지금 하거나 했던 어떤 일이 좋지 않은 것이라는 의심에서 오는 슬픔의 일종이고, 그것은 의심을 필연적으로 전제한다. 왜냐하면 우리가 한 일이 나쁜 것이라고 전적으로 확신했다면, 그때의 의지는 좋음의 어떤 징후〔기색, 겉모습〕를 갖는 것에만 미치므로 우리는 나쁜 것이라 확신했던 것을 하는 것을 삼갔을 것이기 때문이다. 그리고 이미 한 것이 나빴다고 확신했다면, 단지 가책만 하는 것이 아니라 뉘우치게 되었을 것이다.[107] 그런데 이 정념의 용도는 의심스러운 일이 좋은지 나쁜지 검토하도록 하고, 그 일이 좋은 것이라고 확신하지 않는 동안에는 그 일을 또다시 하지 않도록 하는 것이다. 그러나 가책에는 나쁜 것이 전제되기 때문에, 가장 좋은 것은 우리가 가책을 느끼는 주체가 되지 말아야 하는 것이다. 그리고 망설임에서 벗어날 수 있는 방법과 같은 방법으로 가책을 막을 수 있다.

178항 조롱에 대해

비웃음이나 조롱은 품위 있는 사람이라고 생각되는 어떤 사람에게서 작은 나쁜 것을 발견하는 데서 오는 미움과 섞인 기쁨의 일종이다. 이 나쁜 것에 대해서는 미움을 갖게 되고, 품위 있는 사람에게서 그것을 보는 데서는 기쁨을 갖게 된다. 그리고 그것이 예고 없이 불시에 나타날 때 경이의 놀라움은, 앞에서 이미 말한 웃음의 본성에 따라서, 우리가 웃음을 터뜨리게 하는 원인이다. 그러나 이 나쁜 것은 작은 것이어야 한다. 왜냐하면 그 나쁜 것이 크다면, 우리가 아주 나쁜 본성을 지녔거나 그에게 많은 미움을 가지고 있지 않는 한에서,

[465]

---

107 데카르트가 가책이라고 부르는 감정은 우리가 부르는 가책과는 다르다. 우리가 부르는 가책을 데카르트는 뉘우침이라고 부른다. 데카르트에게 가책은 우유부단의 일종이지만 도덕적 특성을 지녔다고 할 수 있다.(이 책 191항 참조)

그가 조롱을 받을 만한 사람이라고 믿을 수 없기 때문이다.

179항 남을 가장 잘 조롱하는 사람이 흔히 가장 불완전한 사람인 이유는 무엇인가

그리고 눈에 띄는 심한 장애를 갖고 있는 이들, 예를 들면 절름발이, 애꾸눈, 꼽추 또는 사람들 앞에서 어떤 모욕〔창피〕을 당한 이들이 특별하게 조롱을 하는 경향이 있음을 보게 된다. 왜냐하면 그들은 자신만큼이나 다른 모든 사람이 볼품없다는 것을 보고자 욕망하면서, 다른 사람에게서 생기는 나쁜 것에 만족하고, 그것이 그럴 만하다고 평가하기 때문이다.

180항 조소의 용도에 대해

대수롭지 않은〔하찮은〕 조소에 대해서 말하자면, 이것은 어쨌거나 우리 자신을 비웃지도, 〔악덕을 지닌〕 사람들에 대해서 어떤 미움의 표시도 하지 않은 채, 악덕을 우습게 보이게 하면서 유용하게 다시 취하는 것이다. 그것은 정념이 아니고 정직한 인간의 한 자질이다. 이 자질은 덕의 징후인 기분의 쾌활함과 영혼의 평안을 나타내 보이며, 또한 흔히 정신의 능란한 기지는 그가 조소하는 것에 유쾌한 외관을 부여할 줄 안다는 것을 나타내 보이는 것이다.

[466]

181항 조소에서 웃음의 용도에 대해

그리고 다른 사람의 조소를 들었을 때 웃는 것이 파렴치한 것은 아니다. 심지어 웃지 않으면 슬퍼질 수도 있다. 그러나 조소할 때는, 우리가 말한 것으로 인해 스스로 놀라는 내색을 보이지 않고 또한 그런 재치를 생각해냈다는 것에 감탄하지도 않기 위해서, 웃음을 자제하는 것이 더 어울린다. 그리고 이것은 조소를 듣는 이들을 오히려 더 놀라게 만든다.

182항 부러움에 대해

보통 부러움이라고 부르는 것은 어떤 사람이 다른 사람에게 생기는 좋은 것에 대해 화를 내게 만드는 본성의 타락에서 성립하는 악덕이다. 그러나 여기서 이 단어를 언제나 그릇된 것은 아닌 정념을 의미하기 위해서 사용하겠다. 부러움은 그것이 정념인 한에서, 가치가 없다고 생각하는 이에게 좋은 것이 발생하는 것을 보는 데서 오는 미움과 섞인 슬픔의 일종이다. (어떤 이가 좋은 것을 받을 만한 가치가 없다고 생각하는 것은) 단지 운에서 오는 좋은 것들과 관련해서는 정당하다고 볼 수 있다. 왜냐하면 영혼과 나아가 몸의 좋은 것들은 그것들을 태어날 때부터 갖는 한에서, 우리가 어떤 나쁜 것을 범할 수 있기 전에 신으로부터 받은 것이고, 그런 이유로 우리가 그것들을 받을 자격은 충분하기 때문이다.

[467]

183항 어떻게 부러움은 정당하거나 부당할 수 있는가

그러나 진정으로 자격이 없는 어떤 사람에게 운으로 인해 좋은 것이 생길 때 우리 안에서 부러움이 일으켜지는 것은 우리가 본성적으로 정의(공정함)를 좋아해서 좋은 것들을 분배할 때 이 정의(공정함)가 지켜지지 않은 것에 화가 나기 때문이므로, 이때의 부러움은 용서될 수 있는 열정(열의)이다. 이것은 우리가 다른 사람에게서 부러워하는 좋은 것이 그의 수중에서 나쁜 것으로 전화될 수 있는 성질의 것일 때 특히 그렇다. 예를 들어 그것은 마치 다른 사람이 수행한다면 나쁘게도 할 수 있는 어떤 임무나 공직과 같은 것이다. 우리가 우리 자신을 위해 그와 동일한 좋은 것을 욕망하는데 덜 가치 있는 사람들이 그것을 소유하고 있어서 그것을 소유하지 못하게 될 때, 그 사실은 이 정념을 더욱 격하게 만든다. 그리고 부러움에 포함되는 미움이, 그 좋은 것을 소유하거나 분배하는 사람에게 전혀 연관되어 있지 않고 단지 사람들이 바라는 좋은 것들을 잘못 분배한 것에만 연관되어 있다면, 그 부러움은 용서될 수밖에 없다. 그러나 여러 사람이 공유할 수 있고 사람들이 자기 자신을 위해서 바라는 좋은 것을 얻는 데 있어서 누군가 그 좋은 것을 먼저 가로채갈 때, 그것을 얻은 그 누군가가 그만큼 가치가 있거나 또는 더 가치가 있을지라도, 그에 대해 전혀 미움을 갖지 않을 정도로 아주 정의롭고 관대한 사람은 극히 적다. 그리고 보통 가장 크게 바라게 되는 것, 그것은 영광이다. 왜냐하면 다른 사람의 영광은 우리가 그 영광을 바랄 수 없도록 막지는 않을지라도, 어쨌든 그것에 대한 접근을 더 어렵게 만들고 대가를 올리게 만들기 때문이다.

[468]

184항 시기하는 이들이 납빛을 갖는 주체라는 것은 무엇에서
　　　 연유하는가

뿐만 아니라 부러움의 악덕만큼 인간의 지복을 해치는 악덕도 없다. 왜냐하면 부러움에 집착하는 사람들은 자신을 개탄할 뿐만 아니라 또한 온 힘을 다해서 다른 사람의 즐거움마저도 조금씩 혼란스럽게 하기 때문이다. 그리고 그들은 통상 납빛, 즉 창백하고, 노랑과 검정이 섞였으며, 죽은 피 같은 납빛을 갖는다. 이러한 사실로 인해 부러움이 라틴어로 '리보르 livor〔납빛〕'라고 불리게 된 것이다. 이것은 슬픔과 미움의 상태에서 일어나는 피의 운동에 대해 앞서 말한 것과 아주 잘 일치한다. 왜냐하면 미움의 상태에서는 간의 아랫부분에서 오는 노란 담즙과 비장에서 오는 흑담즙이 혈관을 통해 모든 혈관에서 심장으로 퍼지게 되기 때문이다. 그리고 슬픔의 상태에서는 혈관의 피가 열기를 덜 갖게 되고 평소보다 더 천천히 흐르게 되는데 이것은 납빛의 색깔을 만들기에 충분하다. 그러나 담즙―노란 것이든 검은 것이든―이 혈관 안을 흐르도록 하는 여러 다른 요인들이 있을 수 있고, 부러움은 안색을 바꿀 만큼 충분히 많은 양의 담즙을 밀어낼 수 없기 때문에, 부러움이 아주 크고 또한 오래 지속될 때 납빛을 보이는 모든 이들에게 부러움의 경향이 있다고 생각하지는 말아야 한다.

[469]

185항 연민에 대해

연민은 어떤 이에게 마땅하지 않다고 평가하는 어떤 나쁜 것을 그가 겪을 때 그에 대해 느끼는 사랑 또는 선한 의지와 섞인 슬픔의 일종이다. 이처럼 연민은 그 대상에 비례하여 부러움에 반대되며, 또한 다른 측면에서는 그 대상을 고려하는 이유에서 조롱에 반대된다.

186항 가장 가엾은 사람은 누구인가

아주 약하고 운에 속한 역경에 크게 종속되었다고 느끼는 이들은 다른 사람보다 더욱 이 정념에 기우는 경향을 지닌 것처럼 보인다. 왜냐하면 이들은 타인의 나쁜 것을 마치 그들 자신에게 일어날 수 있는 것으로 표상하기 때문이다. 이처럼 이들은 타인에 대해 갖는 사랑에 의해서라기보다는 그들 자신에 대해 갖는 사랑에 의해 연민에 감동된다.

187항 가장 관대한 이들은 어떻게 연민을 통해 감동받는가

그럼에도 가장 관대하고 강한 정신을 지닌 이들은, 그들 자신에 대해 어떤 나쁜 것도 두려워하지 않고 운의 힘 이상으로 행동하므로, 다른 사람의 유약함을 볼 때나 그들의 하소연을 들을 때 동정compassion에

[470]

서 벗어나지 못한다. 왜냐하면 한 개인에 대해서 선한 의지를 갖는 것은 관대함의 일부이기 때문이다. 그러나 이 연민의 슬픔은 씁쓸하지 않다. 그리고 연극에서 재현되는 치명적(불길한) 행위로 인해 생겨나는 슬픔처럼, 연민의 슬픔은 영혼의 내부보다는 영혼의 외부와 감각 안에 있다. 그러나 영혼은 애통해하는 사람과 일치한다고 생각함으로써 자신의 의무를 다했다는 것에서 만족을 갖는다.[108] 그리고 거기에는 다음과 같은 차이가 있다. 저속한 이는 그들이 고통을 겪는 것이 아주 화낼 만한 것이라고 생각해서 자기 자신을 한탄하는 이들에 대해 연민을 갖는 반면, 가장 위대한 사람들이 연민을 갖게 되는 주요 대상은 한탄하는 이들의 연약함에 있다. 왜냐하면 위대한 이들은 어떤 사고를 끈기 있게 견딜 수 없는 이들의 비겁함만큼 나쁜 일은 일어날 수 없다고 평가하기 때문이다. 그리고 그들은 악덕을 미워할지라도, 그것 때문에 악덕의 지배를 받는 이들까지 미워하지는 않고 다만 연민을 가질 뿐이다.

188항 연민에 전혀 감동받지 않는 이들은 누구인가

[471] 그러나 약삭빠르고 시기하는 정신만이 본래적으로 모든 사람을 미워한다. 또는 아주 거칠고 운에 아주 눈이 멀었거나 나쁜 것으로 인해 절망한 나머지 어떠한 나쁜 것도 그에게 더는 일어나지 않을 것이

---

108 〈엘리자베스에게 보내는 1645년 5월 18일 편지〉 참조.

라 생각하는 이들이 본래 모든 사람을 미워한다. 이들만이 연민에 무감각하다.

189항 이 정념은 왜 눈물을 흘리도록 하는가

뿐만 아니라 이 정념의 상태에서는 아주 쉽게 울게 된다. 앞서 말한 것처럼 사랑은 심장으로 다량의 피를 보내며 눈에 의해 많은 증기가 나오게 만들고, 슬픔의 차가움은 그 증기의 흔들림을 늦추면서 증기가 눈물로 변하게 만들기 때문이다.

190항 자기만족에 대해

지속적으로 덕을 따르는 이들이 언제나 갖는 만족은 양심conscience의 평온과 휴식이라 불리는 그들 영혼에 있는 습관이다. 그러나 좋은 것이라 생각되는 어떤 행위를 방금 했을 때 새롭게 얻는 만족은 정념이다. 즉 그것은 기쁨의 일종인데, 나는 이것을 모든 기쁨 가운데서 가장 감미로운 것이라 믿는다. 왜냐하면 그 기쁨의 원인은 우리 자신에게만 의존하기 때문이다. 그렇지만 그 원인이 정당하지 않을 때, 다시 말해 우리가 많은 만족을 얻게 되는 행위가 커다란 중요성을 지니지 않을 때, 또는 그 행위가 그릇되기조차 할 때, 그 만족은 우스운 것으로서 오만과 무례한 거만을 생산하는 데 쓰일 뿐이다. 이것은 스스 [472]

로의 신앙이 깊다고 믿으면서 단지 편협한 신앙심을 가지고 있는 미신적인 이들 안에서 특별히 볼 수 있는 것이다. 다시 말해 그들은 교회에 자주 가고, 기도문을 많이 암송하고, 짧은 머리를 하고, 단식하고, 헌금하는 것을 빙자하여, 자신이 전적으로 완벽하고 신과 아주 친한 친구라고 생각한 나머지, 그들 자신은 신이 불쾌해하는 것을 전혀 하지 않고 그들의 정념이 그들에게 강요하는 모든 것은 좋은 열의라고 상상한다. 사람들이 그들의 의견에 동의하지 않았다는 이유로 도시 주민을 배반하고 군주를 죽이고 민족 전체를 말살하는 것처럼 인간이 범할 수 있는 가장 커다란 범죄를 저지르는 열의라 해도 말이다.

191항 뉘우침에 대해

뉘우침은 자기만족에 직접적으로 반대되는 것으로, 어떤 나쁜 행위를 했다고 믿는 데서 오는 슬픔의 일종이다. 뉘우침의 원인은 오직 우리에게서 생기기 때문에 매우 씁쓸하다. 그럼에도 이 씁쓸함이 아예 뉘우치지 않도록 하지 못하는 것은, 뉘우치는 행위가 진짜로 나쁜 것일 때, 그리고 뉘우침에 대한 확실한 인식을 가질 때다. 왜냐하면 뉘우침은 다음번에 더 잘하도록 우리를 자극하기 때문이다. 그러나 약한 정신은 자신이 한 일이 나쁘다는 것을 확실히 알지 못한 채로, 한 것을 뉘우치는 일이 흔히 일어난다. 그들은 자신이 한 일이 두렵다는 이유만으로 자신이 한 일이 나쁘다고 확신한다. 그리고 그들이 반대로 행동했다 해도 마찬가지로 그들은 뉘우칠 것이다. 그들 안에

[473]

있는 것은 연민에 어울리는 미완성이며, 이 결점의 구제책은 망설임을 없애는 것에 소용되는 것과 같다.[109]

192항 호의에 대해

문자 그대로 호의는 선한 의지를 갖는 누군가에게 좋은 일이 일어나는 것을 보고 싶어 하는 욕망이다. 그러나 여기서 이 단어를 어떤 이의 좋은 행위에 의해 우리 안에서 선한 의지가 일으켜지는 한에서, 그 의지를 의미하기 위해 사용하겠다. 왜냐하면 우리는 자연적으로 우리가 좋은 것이라 평가하는 것을 하는 이들을, 그것이 우리에게 어떤 좋은 것도 되돌려주지 않는다 할지라도, 좋아하는 경향이 있기 때문이다. 이러한 의미에서 호의는 사랑의 일종이며, 우리가 선호하는 이에게 좋은 것이 생기는 것을 보고 싶은 욕망이 언제나 수반될지라도 욕망의 일종은 아니다. 그리고 호의는 보통 연민과 결합한다. 호의는 불행한 이들이 불운을 겪고 있는 것을 보게 될 때 그들의 장점에 대해 더 깊게 성찰하게 하는 원인이기 때문이다.

---

[109] 뉘우침의 이러한 측면은 데카르트가 177항에서 가책이라고 불렀던 감정에 귀착된다. 이 두 감정은 분명 연결되어 있다. 그러나 데카르트는 스피노자와는 달리 진정한 뉘우침을 정당화한다. 이것은 실제로 기독교적인 덕이고, 데카르트철학에서는 인간에게서 중요한 것, 즉 자유와 관련된다고 할 수 있다.

193항 감사에 대해

[474] 감사 또한 우리가 감사하는 이의 어떤 행위에 의해 우리 안에서 일으켜진 사랑의 일종이다. 그리고 감사를 통해 상대방이 우리에게 어떤 좋은 것을 했거나 적어도 하려는 의도를 지니고 있었다고 믿는다. 이처럼 감사는 호의와 동일한 모든 것을 내포하는데, 여기에 더해 감사는 우리를 감동시키는 행위에 근거하며 우리가 되갚으려는 욕망을 갖는다는 사실을 추가적으로 지닌다. 따라서 감사는 조금이라도 더 고상하고 관대한 영혼 안에서 특별히 큰 힘을 갖는다.

194항 배은망덕에 대해

배은망덕으로 말하자면, 그것은 정념이 아니다. 왜냐하면 자연은 배은망덕을 일으키는 어떤 정기의 운동도 우리 안에 넣지 않았기 때문이다. 그러나 배은망덕은 단지 감사에 직접적으로 반대되는 악덕일 뿐인데, 그것은 감사가 항상 고결하고 인간 사회의 주요 유대(끈) 가운데 하나인 한에서다. 그 때문에 이 악덕은 거칠면서도 모든 것이 자신에게 당연하다고 어리석게 생각하는 거만한 사람들, 또는 자신이 받는 혜택에 대해 어떤 성찰도 하지 않는 바보들, 또는 자신의 결점과 필요를 느껴서 다른 사람의 도움을 비굴하게 구하고 도움을 받은 후에는 도움을 준 이들을 미워하는 약자들과 노예들에게 속한다. 왜냐하면 그들은 도움을 받았던 것과 비슷한 것을 돌려줄 의지를 갖고 있지 않거나 그런 능력이 없다는 것에 절망해서, 그리고 모든 사람이 자신들처럼 돈을 목적으로 한다고, 또한 사람들은 보상받을 희망이 없으면 어떤 좋은 것도 행하지 않는다고 상상해서, 도움을 베풀어준 사람들을 속였다고 생각하기 때문이다.

195항 분노에 대해 [475]

분노는 그것이 어떤 성질(본성)을 지녔든, 어떤 나쁜 것을 행하는 이들에 반해 자연스럽게 갖게 되는 미움 또는 반감의 일종이다. 그리고 분노는 흔히 부러움이나 연민과 섞이지만, 부러움이나 연민의 대상과는 아주 다른 대상을 갖는다. 왜냐하면 자격이 없는 사람에게 좋은 것이나 나쁜 것을 행하는 이들에 대해서만 분노하게 되기 때문이다. 그러나 이 좋은 것을 받는 이에게 부러움을, 그리고 나쁜 것을 받는 이에게 연민을 갖게 된다. 자격이 없는 이가 좋은 것을 갖는 것은 어떤 의미에서는 나쁜 것을 행하는 것이 분명하다. 이것이 아리스토텔레스와 그를 따르는 사람들이 부러움은 언제나 악덕이라고 가정하여, 그릇되지 않은 부러움을 분노라는 이름으로 불렀던 까닭일 수 있을 것이다.[110]

---

110 아리스토텔레스, 《니코마코스 윤리학》 II, 7, 15; 《수사학》 II, 9, 3 참조.

196항 분노는 왜 때로는 연민과 결합하고 때로는 조롱과 결합하는가

어떤 면에서 보자면 나쁜 것을 행하는 것은 또한 나쁜 것을 받아들이는 것이다. 따라서 어떤 이들은 자신의 분노를 연민에 결합하고 또 어떤 이들은 조롱에 결합하는 일이 생기는데, 그것은 그들이 보고 있는 잘못〔오류〕을 범하는 이들에 대해 좋은 의지를 가지는지 나쁜 의지를 가지는지에 따라서다. 데모크리토스의 웃음과 헤라클레이토스의 눈물이 동일한 원인에서 생길 수 있었던 것도 이와 같은 이유에서다.

[476]

197항 분노는 흔히 경이를 동반하며, 기쁨과 양립 불가능한 것은 아니다

또한 분노는 흔히 경이를 동반한다. 왜냐하면 우리는 모든 것에 대해 우리가 그것들이 존재해야 한다고 판단하는 방식으로, 다시 말해 우리가 좋다고 평가하는 방식으로 만들어졌다고 가정하는 습관이 있기 때문이다. 그 때문에 그것이 〔우리의 평가와〕 다른 방식으로 일어날 때 놀라게 되고 그것을 경이로워하게 된다. 또한 분노는 보통 슬픔과 더 잘 결합할지라도 기쁨과 양립 불가능한 것은 아니다. 왜냐하면 우리에게 마땅하지 않은 나쁜 것이 우리를 해할 수 없을 때, 그리고 우리는 그런 것을 원하지 않는다고 여길 때, 그 점은 어떤 즐거움을 주기 때문이다. 그리고 이 정념이 이따금 웃음을 동반하게 되는 원인

중 하나는 아마도 이것일 것이다.

198항 분노의 용도에 대해

뿐만 아니라 분노는 진정으로 덕이 있는 이에게서보다는 덕 있는 이로 보이는 이에게서 더 잘 눈에 띈다. 왜냐하면 덕을 사랑하는 이들은 어떤 반감 없이는 타인의 악행을 볼 수 없을지라도, 아주 크고 대단한 악에 대해서만은 열중하기 때문이다. 중요성이 작은 것에 크게 분노하는 것은 힘들고 우울하며, 전혀 비난받을 만하지 않은 것에 분노하는 것은 부당하다. 그리고 이 정념을 인간의 행위에 제한하지 않고 신이나 자연의 작품에까지 확대하는 것은, 자신의 상황이나 운에 결코 만족하지 않는 이들이 감히 세계의 이끎(조종)과 신의 불가사의에서 흠잡을 것을 발견하고자 하는 것처럼, 무례하고 부조리하다. [477]

199항 화에 대해

화는 불특정한 이에 대해서가 아니라 특별히 우리를 해치려고 애쓰는 이들에 대해 갖게 되는 미움 또는 반감의 일종이다.[111] 따라서 화는 분노와 동일한 모든 것을 내포한다. 여기에 더해 화는 우리에게 피해

---

111 〈엘리자베스에게 보내는 1645년 9월 1일 편지〉와 〈샤뉘에게 보내는 1646년 11월 1일 편지〉 참조.

를 입히고 복수하려는 욕망을 갖게 하는 행위에 근거한다는 것을 포함한다. 왜냐하면 복수에 대한 욕망은 거의 언제나 화를 수반하기 때문이다. 그리고 분노가 호의에 반대되는 것처럼, 화는 감사에 직접적으로 반대된다. 그러나 화는 이 세 정념보다 비교할 수 없을 만큼 더 격렬한데, 유해한 것을 밀어내고 복수하려는 욕망은 모든 것 가운데서 가장 절박하기 때문이다. 우리가 우리 자신에 대해 갖는 사랑과 결합한 욕망은 용기와 대담함을 야기할 수 있는 피의 모든 동요를 화에 공급한다. 그리고 비장과 간의 미세한 혈관에서 오는 이 동요를 받아들이고 심장 안으로 가게 하는 것이 특히 담즙질의 피인데, 이것이 미움을 만든다. 풍부한 피와 피가 혼합된 담즙의 성질 때문에 사랑이나 기쁨에 의해서 불러일으켜질 수 있는 것보다 더 심하고 불같은 열이 심장에서 일으켜진다.

[478]

200항 화가 나서 얼굴이 상기되는 이는 왜 창백해지는 이보다 덜 두려운가

그리고 이 정념의 외적 표시(징후)는 사람들의 다양한 기질 및 화를 구성하거나 화에 결합된 다른 정념의 다양성에 따라서 다르다. 이처럼, 화가 났을 때 창백해지거나 떠는 사람, 그리고 상기되거나 울기조차 하는 이를 보게 된다. 그리고 보통 창백해지는 사람의 화는 상기되는 사람의 화보다 더 두려운 것이라 판단한다. 그 이유는 보복을 원하지 않을 때나 안색이나 언사 외의 방법으로는 보복할 수 없을 때, 우리는 자극되자마자 모든 열과 힘을 사용하는데, 이것이 상기되는 원인이기 때문이다. 더욱이 우리 자신에 대해 때때로 갖는 후회와 연민은, 다른 방식으로 복수할 수 없기 때문에 눈물을 흘리게 하는 원인이다. 반대로 자제하고 더 커다란 복수를 결심하는 이들은 화나게 만드는 행위로 인해 복수에 강요되었다는 생각에서 슬프게 된다. 그리고 그들은 때때로 그들이 내린 결단에 따를 수 있는 나쁜 것에 대해 두려움을 갖는데, 이것이 그들을 우선 창백하고 차갑게 만들며 또한 떨게 만드는 것이다. 그러나 후에 그들이 복수를 실행하기에 이를 때, 그들은 처음에 차가웠던 정도에 비해서 다시 고양된다. 차가움에 의해(오한으로) 시작된 열기가 가장 강해지곤 하는 데서 이 같은 것을 보게 된다. [479]

201항 두 종류의 화가 있는데, 가장 착한 이들은 첫 번째 종류의 화에 가장 큰 지배를 받는다

이 점은 두 종류의 화를 구분할 수 있음을 예고한다. 하나는 갑자기 터지며 외부에 아주 심하게 표면화되나, 그럼에도 효과가 적고 쉽게 가라앉을 수 있다. 다른 하나는 처음부터 그렇게 나타나지 않으나, 심장을 더 갉아먹고 더 위험한 효과들을 갖는다. 많이 어질고 사랑이 많은 이들은 첫 번째 종류의 화에 가장 큰 지배를 받는다. 왜냐하면 그 화는 깊은 미움에서 오는 것은 아니지만 그들을 놀라게 하는 갑작스러운 반감에서 오기 때문이다. 이것은 다음과 같은 이유 때문이다.

[480] 그들은 모든 것이 그들 자신이 최고의 상태라고 판단하는 방식으로 일어나야 한다고 상상하는 경향을 지닌다. 그래서 그들은 무언가가 다른 방식으로 발생하자마자 그것을 경이로워하고 그것에 감정이 상하는데, 흔히 그것이 그들에게 개인적인 영향을 주지 않을 때도 그들은 그렇게 반응한다. 그것은 그들이 애정을 많이 지녀서 그들이 자신을 사랑하는 것과 같은 방식으로 그들이 사랑하는 다른 것들에 관심을 가지게 되기 때문이다. 이처럼 타인을 위해서는 분노의 주제가 될 뿐인 것이 그들 스스로에게는 화의 주제가 되는 것이다. 왜냐하면 그들이 갖는 사랑의 경향은 심장에 많은 열과 피를 지니게 만들고, 그들을 불시에 습격하는 반감은 심장에서 아주 적은 담즙을 밀어낼 수 있을 뿐이어서, 이로 인해 우선 피 안에서 커다란 동요를 야기하지 않기 때문이다. 그러나 이 동요는 거의 지속하지 않는데, 놀라움의 힘이 지속하지 않고, 화냈던 주제가 그들을 그 정도로 동요시키지 말았어야 했던 것이라고 파악하자마자 그들은 후회하게 되기 때문이다.

202항 두 번째 종류의 화에 가장 많이 사로잡히게 내버려두는 것은 연약하고 비열한 영혼이다.

미움과 슬픔이 지배적인 다른 종류의 화는 아마도 얼굴을 창백하게 만든다는 것을 제외한다면 처음에는 그렇게 눈에 띄지 않는다. 그러나 그 힘은 복수하려는 열렬한 욕망을 피 안에서 일으키는 동요에 의해 점점 증가하게 된다. 이 피는 간과 비장 아랫부분의 심장으로 밀린 담즙과 섞이며, 그곳에서 아주 격하고 매서운 열을 일으킨다. 그리고 가장 관대한 영혼들이 가장 감사해할 줄 아는 것처럼, 가장 오만하고 저속하며 유약한 영혼들은 이 종류의 화에 가장 크게 사로잡히도록 자신을 내버려둔다. 왜냐하면 모욕은 오만이 우리 자신을 더 높이 평가하면 할수록 더 크게 나타나기 때문이다. 또한 더 연약하고 비열한 영혼을 지닐수록 모욕들이 없애버리는 좋은 것들을 더 높게 평가하게 되는데, 왜냐하면 그것들이 타인에 의존하기 때문이다.

[481]

203항 관대함은 화의 지나침에 반하는 구제책의 구실을 한다

뿐만 아니라 화가 모욕을 물리칠 힘을 주는 데 유용할지라도, 어쨌든 이 정념만큼 지나침을 신중하게 경계해야만 하는 것도 없다. 왜냐하면 지나침은 판단을 어지럽히면서 이후에 뉘우치게 될 오류를 자주 범하게 하고, 심지어 때때로 덜 동요되었다면 할 수 있었을 일뿐만 아니라 모욕을 물리치는 일을 막기 때문이다. 그러나 오만보다 화를 더 지나치게 만드는 것이 없는 것에 상응해, 나는 관대함이 화의 지나침에 대해 찾을 수 있는 가장 최상의 구제책이라고 믿는다. 왜냐하면 관대함은 우리로 하여금 좋은 것들 중에서도 사라질 법한 것들은 아주 낮게 평가하게 하고, 반대로 어떤 이로부터 공격을 받을 때 더는 소유하지 못하게 되는 자유와 자신에 대한 절대적 지배력을 높게 평가하게 하면서, 타인의 감정을 상하게 하는 습관이 있는 모욕에 대해서는 단지 멸시나 분개를 갖게 하기 때문이다.

[482]　204항 영광에 대해

내가 여기서 영광이라는 이름으로 부르는 것은 우리가 스스로에 대해 갖는 사랑에 근거한 기쁨의 일종이고, 다른 사람에 의해서 칭찬을 받고 있다는 견해나 기대에서 오는 것이다. 이처럼 영광은 어떤 좋은 행위를 했던 것에 대한 견해에서 오는 내적 만족과는 다르다. 왜냐하면 우리는 때때로 좋은 것이라 결코 믿지 않는 것들에 대해서 칭찬받고, 최고라고 믿는 것에 대해서 비난받기도 하기 때문이다. 그러나 내적 만족과 영광 모두 스스로에게 만드는 존경 또는 기쁨의 일종이다. 왜냐하면 타인으로부터 존경받는 것을 보는 것은 자기를 존경하기 위한 한 요인이 되기 때문이다.

205항 수치에 대해

반대로 수치는 자기애에 근거한 슬픔의 일종이고, 비난받고 있다는 견해나 두려움에서 온다. 여기에 더해 수치는 겸허나 겸손이며 자신에 대한 불신의 일종이다. 왜냐하면 어떤 사람으로부터 멸시받는다고 상상할 수 없을 정도로 아주 강하게 자신을 존경한다면, 쉽게 수치스러워할 수 없기 때문이다.

206항 이 두 정념의 용도에 대해

그런데 영광은 기대를 통해, 수치는 두려움을 통해 우리에게 덕을 자극한다는 점에서 같은 용도를 지닌다. 이를 위해 비난받을 만하거나 칭찬받을 만한 것과 관련해 우리의 판단력을 가르치는 것이 필요하다. 여러 사람에게 일어나는 바처럼, 잘한 것에 대해 결코 수치스러워하지 않고 악덕에서 자만심을 끌어내지 않기 위해서 말이다. 그러나 이 정념들을 옛날 견유학자들이 했던 것처럼 완전하게 버리는 것은 좋지 않다. 대중이 아주 잘못 판단할지라도, 어쨌든 그들 없이는 살 수 없기 때문에, 그리고 그들에게 평가받는 일은 중요하므로, 행위의 외면에 대해서 우리 자신보다 종종 그들의 의견을 따라야만 한다.

[483]

207항 경솔에 대해

경솔이나 뻔뻔함은 수치에 대한 무시이자 더 흔하게는 영광에 대한 무시다. 그리고 그것은 정념이 아닌데, 왜냐하면 우리 안에서 경솔함을 일으키는 정기의 어떤 특별한 운동이 없기 때문이다. 그러나 이것은 수치와 영광이 둘 다 좋은 것인 한에서, 그것들에 반대되는 악덕이다. 이것은 배은망덕이 감사에 반대되고, 잔인함이 연민에 반대되는 것과 같다. 그리고 뻔뻔함의 주요한 원인은 우리가 커다란 모욕을 여러 번 받았던 것에서 온다. 왜냐하면 젊어서 칭찬은 좋은 것이고 불명예는 나쁜 것임을 알고, 어떤 의미 있는 모욕을 당하면서 여러 사람이

[484] 완전하게 명예를 잃고 무시받은 자신을 알게 될 때, 삶에서 그것들이 존재한다는 것을 단지 경험에 의해서만 발견할 때보다, 그것들이 훨씬 더 많이 중요한 것이었다는 점을 떠올리지 않는 사람은 아무도 없기 때문이다. 그 때문에 모욕을 받은 후에도 몸의 편안함에 따라 좋은 것과 나쁜 것을 측정하면서 이전처럼 또는 때때로 훨씬 더 크게 만끽하는 이들은 뻔뻔한 것이다. 왜냐하면 그들은 명예가 강요하는 몇 가지 속박에서 벗어나고, 그들의 불운에 따라 좋은 것을 잃게 될 때 그들에게 그 좋은 것을 제공하는 자애로운 사람들이 있기 때문이다.

208항 혐오에 대해

혐오는 이전에 발생했던 기쁨의 원인과 같은 원인에서 오는 슬픔의 일종이다. 왜냐하면 우리는 아주 잘 구성되어 있어서, 우리가 향유하는 것의 대부분이 일정 시간 동안에는 우리 입장에서 단지 좋은 것이고 이후에는 불편한 것이 되기 때문이다. 이것은 특별히 마시는 것과 먹는 것에서 나타나는데, 그것들은 우리가 식욕이 있을 동안에는 단지 유용한 것일 뿐이고, 식욕이 더 없을 때는 유해하다. 그때 그것들은 입맛을 쾌적하게 하는 것을 중단하기 때문에, 이 정념은 혐오라 불린다.

209항 후회에 대해

후회 역시 슬픔의 일종인데, 그것은 언제나 우리에게 향유를 제공했던 즐거움의 기억 및 절망과 결합하는 것에서 특별히 씁쓸함을 지닌다. 왜냐하면 우리가 향유했고 후회한다고 해서 다시 회복할 어떤 기대도 갖지 못할 정도로 아주 많이 잃어버린 좋은 것들을 후회하게 되기 때문이다. [485]

210항 희열에 대해

마지막으로 내가 희열이라고 부르는 것은 기쁨의 일종으로서 그 안에 다음과 같은 독특한 점을 지닌다. 희열의 감미로움은 우리가 고통을 겪었던 나쁜 것을 회상함으로써 증가한다. 그리고 어깨에 오랫동안 지고 있던 어떤 무거운 짐에서 벗어날 때 느끼게 될 것과 같은 방식으로 가벼워짐을 느낀다. 그리고 이 세 정념(혐오, 후회, 희열)에서는 아주 주목할 만한 것이 보이지 않는다. 다만 앞에서 사용한 열거의 순서를 따르기 위해서 이것들을 기재했을 뿐이다. 그러나 이러한 나열이 우리가 특별하게 고려할 만한 가치가 있는 어떤 것도 놓치지 않았다는 것을 보여준다는 점에서는 유용했다고 보인다.

211항 정념에 대항하는 일반적 구제책

[486]

이제 모든 정념을 알았으므로, 이전보다 정념을 훨씬 덜 두려워할 동기를 지니게 된다. 왜냐하면 정념이 그 본성에서 모두 좋은 것이고 잘못 사용하거나 지나치게 사용하는 것 외에 아무것도 피할 게 없음을 알게 되었기 때문인데, 내가 설명한 정념에 대항하는 구제책은 각자가 그것을 실천하는 데 충분히 유념한다면 그것으로 충분할 것이다. 그러나 이 구제책 가운데 어떤 것은 숙고와 근면을 포함한다. 왜냐하면 숙고와 근면을 통해서 우리는 자신 안에서 피와 정기의 운동으로부터 그것과 결합되는 습관이 있는 생각을 분리하는 훈련을 하면서 본성이 지닌 결함을 교정할 수 있기 때문이다. 나는 다음을 인정한다. 삶에서 마주치는 모든 일에 대해 이러한 방식으로 충분히 준비된 사람은 아주 적고, 정념의 대상으로 인해 피 안에서 생겨난 운동은 영혼의 어떠한 이바지도 없이 우선 아주 급작스럽게 뇌 안과 기관의 배치에서 만들어지는 인상을 따를 뿐이어서 우리가 충분히 준비되지 않았을 때 그것에 저항할 수 있는 인간의 지혜는 없다. 이처럼, 어떤 사람들은 간지럼을 타면서 아무런 즐거움을 취하지 못할지라도 웃음을 자제할 수 없게 된다. 왜냐하면 이전에 동일한 주제(소재)에 대해서 그들을 웃게 만들었던 기쁨과 놀라움의 인상이 그들의 판타지 fantaisie[112]에서 되살아나며, 심장이 보내는 피에 의해 본의 아니

---

112 상상(력)과 구분된다. 데카르트는 그의 초기 저서들에서 판타지(혹은 상상력)를 공통 감각의 인상들을 지각하는 뇌의 한 부분으로 간주한다. 하지만 《정신 지도를 위한 규칙들》 이후의 저서들에서 상상력은 지적 작용에 해당하는 것으로 설명된다. 데카르트

게 그들의 폐가 급작스럽게 부풀기 때문이다. 따라서 기쁨, 연민, 공포, 또는 화의 동요에 자신의 본성을 강하게 가지고 있는 이는 기절하는 것, 우는 것, 전율하는 것, 또는 매우 동요된 피를 지니는 것을 어쩔 수 없는데, 그것은 정념의 몇몇 대상이 그들의 판타지를 아주 강하게 건드렸을 때 열이 나게 되는 경우와 같은 방식에서 이루어진다. 그러나 그런 경우에 언제나 할 수 있고, 정념의 모든 지나침에 반하는 [487] 가장 보편적이고 실천하기 쉬운 구제책으로서 여기에 제시할 수 있다고 생각하는 것은 다음과 같은 것이다. 즉 이처럼 동요된 피를 느낄 때, 상상에 나타나는 모든 것이 영혼을 속이고 있으며, 또한 그것들이 실제보다 더 강하게 정념의 대상을 확신하도록 하는 이유와 실제보다 더 약하게 확신하도록 하는 이유들을 영혼에 나타나도록 하는 경향이 있다고 경고하고 회상해야만 한다. 그리고 정념으로 인해 어떤 지체를 겪게 될 것이 확실할 때, 어떤 판단도 당장에 내리는 것을 자제해야만 하고, 피 안에 있는 동요를 시간과 휴식이 완전하게 가라앉힐 때까지 생각을 다른 곳으로 분산시켜야만 한다. 마지막으로 정념이 당장 어떤 행위를 해야 한다고 우리를 몰아붙일 때, 의지는 정념이 표상하는 작용(행위)에 반대되는 이유를, 그것들이 덜 강하게 보일지라도, 고려하고 따르도록 하는 데 전념해야 한다. 마치 어떤 적으로부터 갑작스러운 공격을 받아서 숙고할 어떤 시간도 허락되지 않은 상황에서처럼 말이다. 그러나 자신의 행위를 반성하는 습관이 있는 이는 언제나 다음처럼 할 수 있어 보인다. 즉 그는 자신이 공포

에게 상상력은 감각과 지성 사이의 매개 능력이라고 할 수 있다.

[488] 에 사로잡혔다고 느낄 때 자신이 위험에 처해 있다는 생각의 방향을 바꾸어, 왜 도피보다 저항에 더 많은 안전과 명예가 있는지를 표상하고자 애쓰는 것이다. 그리고 이와 반대로 복수하려는 욕망과 화가 자신들을 공격하는 이들을 향해 무분별하게 달려가도록 부추기는 것을 느낄 때, 다음을 유념하도록 회상할 것이다. 즉 그들이 명예를 잃지 않고 살아날 수 있다면 삶을 포기하는 것은 무분별한 것이며, 승부가 아주 불균형하다면 확실한 죽음에 급격하게 뛰어들기보다는 명예롭게 후퇴하거나 살려달라고 하는 것이 더 낫다는 점을 상기하는 것이다.

212항 삶의 모든 좋은 것과 나쁜 것은 오직 정념에 의존한다

뿐만 아니라 영혼은 자신의 독자적인 즐거움을 지닐 수 있다. 그러나 영혼이 몸과 공통적으로 갖는 즐거움으로 말하자면, 그것들은 완전히 정념에 달려 있다. 그래서 정념에 의해 크게 감동받을 수 있는 사람은 삶에서 가장 큰 감미로움을 맛볼 수 있다. 또한 정념을 제대로 사용할 줄 모른다거나 불행이 우리를 엄습하게 된다면 가장 쓴맛을 볼 수 있는 것도 사실이다. 이런 면에서 볼 때 지혜는 아주 유용하다. 지혜는 우리가 정념의 주인이 되도록 하고, 정념을 여러 기술로 유용하게 사용하도록 가르침으로써 정념이 일으키는 나쁜 것에 잘 견딜 수 있게 하고 나아가 모든 정념에서 기쁨마저 이끌어낸다.

■ 해제

데카르트에게 있어서 인간 본성의 문제와 정념[1]

김선영

1.《정념론》에 대한 이해

1) 정념에 대한 새로운 해석

일반적으로 서양철학에서 정념에 대해 접근하는 방식은 크게 두 가지로 나뉜다. 첫째는 아리스토텔레스가 제시한 능동action에 대립되는 '수동passive'으로서의 정념passion이다. 아리스토텔레스는 수동으로서의 정념을 열 가지 범주 가운데 하나로 제시한다. 그의《범주론》,《형이상학》,《니코마코스 윤리학》에서 정념(파토스pathos)은 지속적 성향이나 습관을 말하는 헥시스hexis 및 "부분들을 소유하는 것의 장소, 힘 혹은 형상에 의한 배치"로 이해되는 디아테시스diathesis와 구분되며,[2] 마음의 일시적 성향, 또는 정서로 정의된다.《수사학》2권에

---

[1] 이 글은 역자의 〈데카르트 철학체계에서 '정념'의 지위〉, 〈데카르트에서 영혼과 몸의 결합과 그 현상으로서의 정념: 지각, 감정, 동요〉를 재구성한 것이다.《서양근대미학》과 〈데카르트의 신〉에서 논의된 정념 이론 역시 발췌하여 재구성했다.

[2] 아리스토텔레스,《범주론》, 8, 8 b27~9 a13;《니코마코스 윤리학》II, 4, 1105 b20 이하;《형이상학》I, V, 21, 1022 b15~18. 트리코 J. Tricot에 따르면 파토스는 일반적

서 정념은 판단에 변화를 가져오는 것으로 다루어진다. 둘째는 콩디악E. B. de Condillac, 칸트, 헤겔, 그리고 현대심리학자들이 정념에 접근하는 방식이다. 이들은 정념을 "감정적이고 지적인 상태, 특정한 이미지를 동반한 어떤 한 기간의 성향, 정신적 삶을 충분히 지배할 수 있는 힘"[3]이라 말한다. 특히 칸트는 《실용적 관점에서 본 인간학Anthropologie in pragmatischer Hinsicht》(1798)에서 "감정과 정념에 복종하는 것은 의심의 여지 없이 영혼의 병"[4]이라고 주장한다.

정념에 대한 이러한 논의에서 데카르트의 《영혼의 정념들》(이하 《정념론》으로 약칭한다)은 데카르트 자신의 철학에서뿐만 아니라 철학사에서도 아주 특별한 지위를 차지한다. 데카르트의 정념 이론은 아리스토텔레스와 스콜라철학의 정념 이론과는 완전히 구별되는 새로운 것이다. 그리고 그의 정념 이론은 근대철학에서 '정념'이 중요한 논의 주제 가운데 하나로 자리 매김하는 데 중요한 역할을 한다. 뿐만 아니라 데카르트의 정념 이론이 '감정'과 '정서'에 대한 현대철학의 논의에 미친 영향 역시 부인하기 힘들다.[5] 데카르트는 정념을 이

의미에서 질, 한정, 마음의 일시적 성향, 속성을 말하며 본질Ousia에 반대된다.(《형이상학》, p. 305)

3 André Lalande, *Vocabulaire technique et critique de la philosophie*, Paris: PUF, Ed. Quadrige, 2002, p. 746.

4 Immanuel Kant, *L'anthropologie du point de vue pragmatique*, Livre III, *De la faculté de désirer*, §73 trad. fr Alain Renaut, Paris: GF, 1993, p. 218.

5 하지만 영혼과 몸을 구분하는 데카르트의 이원론에 바탕을 둔 여러 철학자들, 예를 들면 말브랑슈N. de Malebranche, 스피노자, 라이프니츠 등이 데카르트의 정념에 대해 해석한 것은 많은 논쟁과 오해를 불러일으켰다.(김상환, 〈데카르트의 정념론과 그 이후〉, 《현대비평과 이론》, 서울, 2007 참조)

성의 반대편에 두지 않고 긍정적이고 유용한 것으로 규정함으로써 정념에 새로운 위상을 부여한다. 따라서 정념에 대한 그의 이론은 영혼과 몸[6]을 구분하는 형이상학의 이원성 이론만큼이나 이전 시대와 구분되는 새로운 이론이다.

데카르트는 정념을 '일시적 성향'이나 '영혼의 병'으로 규정하는 철학자들에 분명하게 반대하며, 자신의 철학은 정념을 거부할 정도로 야만적이지 않다고 주장한다. 〈실옹에게 보내는 1648년 3월 혹은 4월 편지〉에서 "내가 열중하는 철학은 정념의 사용을 거부할 정도로 아주 야만적이거나 완강하지 않고, 그 반대로 나는 정념을 사용하는 데 이 삶의 모든 감미로움과 지복을 둔다"며 삶에서 정념이 지닌 역할을 긍정한다.[7] 영혼은 그만의 고유한 즐거움을 가질 수 있으나 "영혼이 몸과 공통적으로 갖는 즐거움으로 말하자면, 그것들은 완전히 정념에 달려 있다."[8] 그러한 이유에서 "정념에 의해 크게 감동받을 수 있는 사람은 삶에서 가장 큰 감미로움을 맛볼 수 있다."[9] 그러나 정념을 잘 이용하지 못하는 경우에는 씁쓸함을 맛보게 된다는 것이다.

---

6   일반적으로 영혼에 대응하는 대상으로 신체나 육체를, 그리고 마음이나 정신에 대응하는 것으로 몸을 제시한다. 하지만 데카르트철학에서는 일반적인 신체와 나의 신체를 의미하는 몸이 구분된다. 따라서 옮긴이는 신체나 육체 대신에 몸이라는 용어를 사용하기로 한다.

7   AT(œuvres publiées par Charles Adam et Paul Tannery) V, 135.

8   《정념론》 212항.

9   같은 곳.

2) 영혼과 몸의 구분 문제

데카르트철학에서 정념의 문제는 데카르트의 이원론, 즉 영혼과 몸의 구분과 긴밀하게 연관되는 문제다. 데카르트는 영혼과 몸을 각각의 실체, 즉 자율적이고 독립적인 존재로서 정의한다. 뿐만 아니라 〈기하학적 방식에 따른 영혼과 몸의 구분〉에서 "생각이 직접 내재해 있는 실체는 정신 Mens"이라고 하며 영혼과 정신도 구분한다. 이어서 영혼이라는 말은 이중적 의미를 띠고 있고 그러한 이유에서 자주 물질적인 것에 대비하여 사용되고 있다는 점을 언급하며,[10] "장소적 연장과 모양과 위치와 장소 운동 등과 같이 연장을 전제로 하는 우연한 성질들의 직접적인 주체는 물질이라고 불리는 것"[11]이라 정의한다. 데카르트에 따르면 "둘 중 어느 하나가 다른 하나 없이 각각 존재할 수 있을 때, 그 둘은 실제로 구분된다."[12]

하지만 여기서 데카르트가 "정신과 몸이라고 불리는 것이 동일한 하나의 실체인지 아니면 두 개의 실체인지에 대해서는 나중에 탐구되어야 한다"는 말을 덧붙인다는 사실을 기억할 필요가 있다. 이러한 부연은 영혼과 몸의 구분이 불러일으킬 문제점에 대해 그가 인식하고 있었다는 점과 연관된다. 이렇듯 실제로 두 실체가 구분되는 것 res (사물)이라면, 레기우스 Regius가 자신의 편지에서 말한 것처럼, "인간의 영혼은 어떤 몸에 우연히 결합되었다"고 말할 수 있다. 그 이유는

---

10 일반적으로 데카르트에게 있어서 영혼이라는 말은 감각 및 의지와 연관된 논의에서 쓰이고, 정신이라는 말은 순수 지적 기능들을 논의할 때 쓰인다.

11 AT VII, 162.

12 같은 곳.

몸은 영혼 없이도 존재할 수 있고, 영혼 역시 몸 없이도 존재할 수 있게 되기 때문이다. 이로 인해 인간의 단일성 unité 문제가 제기되며 인간을 자기 자신에 의한 존재, 즉 필연적 존재 par soi[13]가 아닌 우연적 존재 par accident로 치부해버릴 수 있는 여지가 생긴다. 이처럼 우연적인 결합은 사람과 그가 입은 옷의 관계에 비유될 수 있다.[14] 이러한 의미의 결합에서는 특정한 한 몸이 반드시 특정한 한 영혼과 결합해야 할 필연성이 없다.

데카르트는 이러한 문제를 인지하지 못했던 것일까? 레기우스에게 보낸 편지를 보면, 데카르트 역시 영혼과 몸의 구분이 일으키는 문제를 잘 인식하고 있다.[15] 데카르트는 레기우스에게 보내는 편지에서 그의 의견에 반대하며 '인간은 스스로 존재하는 진정한 존재'이며, "영혼이 상황과 배치에 의해서가 아니라 실제로 그리고 실체적으로 몸에 연결되어 있다"[16]는 사실을 주장해야 한다고 강조한다. 그러나 데카르트 자신도 이 결합에 대해서는 설명할 수 없음을 인정한다. 하지만 데카르트는 '자신의 형이상학 ma Metaphysique'[17]에서 제시했던 점을 언급하며 "우리는 고통의 감정과 다른 모든 이러한 성질을 몸과 구분되는 영혼의 단순한 생각이 아니라, 몸과 실제로 결합된 영혼의

---

13 여기서 말하는 필연적 존재는 자기 자신에 의해 존재하는 존재를 말하는 것으로 레기우스가 자신의 논문에서 쓴 것이다. 이것을 데카르트는 편지에서 인용한다.(A II, p. 902)
14 〈레기우스에게 보내는 1641년 12월 중순 편지〉, A II, p. 901.
15 앞의 책, p. 901.
16 〈레기우스에게 보내는 1641년 11월 중순 편지〉, AT III, 460; 〈레기우스에게 보내는 1642년 1월 편지〉, AT III, 493; 508; 509 참조.
17 《성찰》을 말한다.

불명료한 지각으로 이해한다"[18]고 주장한다.

그럼에도 그는 왜 영혼과 몸의 구분을 강조하는 것인가? 사실 데카르트가 이원론을 통해 강조하고자 하는 것은, 영혼이란 전혀 물질적이지 않은 실체이며, 그 속성은 단지 생각한다는 것이고, 이 점이 우리가 확실하게 인식할 수 있는 첫 번째 사실이라는 것이다.[19]

하지만 영혼의 속성이 '생각'일 뿐이고 연장이 전혀 아니라는 데카르트의 주장은 동시대 철학자들에게는 받아들이기 어려운 점이었다. 그 대표적인 예가 영국 철학자인 모러스Morus다. 모러스가 제기하는 문제들은 〈모러스에게 보내는 1649년 2월 5일 편지〉에서 잘 드러나는데, 여기서 모러스는 데카르트가 몸을 연장으로 정의하는 것에 대해 의문을 제기한다. 그는 '감각적 실체, 만질 수 있거나 뚫고 들어갈 수 없는 실체'로 몸을 정의하는 것이 좀 더 바람직하다고 주장한다. 이에 대해 데카르트는 모러스처럼 감각적 실체로 몸을 정의하는 것은 단지 우리 감각과의 연관을 통해서만 몸을 정의하는 것이며, 자신처럼 몸을 연장으로 정의하는 것은 감각기관이나 감각적 특성과 상관없이 몸 그 자체의 속성을 설명할 수 있다는 주장을 편다.[20]

하지만 데카르트의 주장을 수용할 수 없었던 모러스는 다른 편지에서 일반적으로 몸이 없는 존재이자 형상이나 영혼만을 지니는 존재로 여겨지는 천사들이 감정을 갖고 있는지, 그리고 그들이 물질적인 몸을 지니고 있는지 아닌지에 대해 데카르트의 견해를 묻는다. 스

---

18 AT III, 460.
19 〈무명씨에게 보내는 1637년 5월 말(혹은 3월) 편지〉, A I, pp. 537~538.
20 A(Edition de F. Alquié) III, pp. 875~876.

웨덴으로 떠나기 전 〈모러스에게 보내는 1649년 8월 편지〉에서 데카르트는 몸과 분리된 인간 영혼은 절대 감정을 지니지 않는다고 함으로써 천사들에 대한 질문에 간접적으로 부정적인 답변을 제시한다.[21] 모러스에게 보낸 편지로 보자면, 데카르트는 몸을 두 종류로, 다시 말해 연장이라는 속성을 갖는 몸과 인간이 감정을 지닐 수 있게 하는 몸으로 구분하는 듯이 보인다.

사실 데카르트는 이러한 구분에 머물지 않고, 더 나아가 다른 사람의 몸(혹은 물체)보다 더 엄밀하게 나에게 속하는 나의 몸을 다음과 같이 설명한다. "이 몸(특별한 어떤 권리에 의해 나의 것이라고 부르는)은 다른 몸보다 더 엄밀하고 긴밀하게 나에게 속한다. 왜냐하면 사실 나는 이 몸에서 다른 몸들처럼 결코 분리될 수가 없기 때문이다. 나는 나의 몸 안에서 느꼈고 이 몸에 대해서 나의 모든 욕구와 모든 감정을 느꼈기 때문이다."[22] 이것은 자연적인 것으로, 감정에 의해 "내가 단지 나의 몸 안에 배의 조종사처럼 거주하는 것이 아니라 내가 몸과 아주 긴밀하게 혼합되고 섞여서 몸과 완전한 하나를 이루고"[23] 있으며, 이 몸에 의해 그를 둘러싼 다른 몸의 다양한 용이함이나 비용이함을 받아들일 수 있게 된다. '나의 몸'에 대한 강조는 사실 데카르트 정념 이론의 바탕이 된다. 실제로 그는 《정념론》 1항에서 정념에 대한 고대철학자들의 연구를 비판하며, 정념이라는 주제는 각 개인이 자신 안에서 느끼는 것이므로 그 본성을 발견하기 위해 다른 곳에서

---

21 A III, p. 931.
22 AT IX, 60.
23 AT IX, 64~65.

어떤 관찰도 빌릴 필요가 없다고 주장한다. 결국 영혼과 몸을 구분하는 데카르트의 이원론은 그가 이 두 구분을 강조했던 형이상학이라는 분야에 한정된다고 할 수 있다.

3) 세 가지 관념: 영혼, 몸, 영혼과 몸의 결합

그렇지만 다른 한편으로 데카르트철학에서 인간이 감정을 가지기 위해서는 반드시 영혼과 몸이 결합되어야 한다는 점은 존재와 관념에 대한 그의 설명을 통해서 정당화될 수 있다. 데카르트에 의하면 모든 존재res는 고유한 관념을 갖고 있다.[24] 따라서 하나의 존재는 그 자신의 고유한 관념에 의해 판단되어야 하며, 다른 존재와의 비교를 통해 판단되어서는 안 된다.[25] 이것은 영혼과 몸이 결합된 존재의 관념을 영혼의 관념이나 몸의 관념에서 추론해서는 안 된다는 것이다. 또한 이것은 관념을 구분함으로써 좀 더 구체적으로 확인할 수 있으며, 실제로 이러한 세 영역의 구분은 데카르트가 행한 관념의 구분과 같은 맥락에서 제시되고 있다.

데카르트에 의하면 우리 안에는 모형에 대한 원본과 같은 어떤 기본적 관념 또는 단순 관념이 있으며, 이것에 의해 우리는 다른 모든 지식을 형성한다.[26] 그리고 몸(물체), 영혼, 영혼과 몸의 결합에 대한 관

---

24 졸고, 〈둔스 스코투스와 데카르트의 철학적 연관성에 대한 고찰〉,《철학사상》42집, 서울대학교, 2011 참조.
25 앞의 책, p. 932.
26 《정신 지도를 위한 규칙들》에서 기본적 개념은 사물에 대한 우리 인식의 근본적인 요소라 불리는 단순한 본성을 의미한다고 할 수 있다.

념이 바로 이 기본적 관념이다.[27] 데카르트는《철학의 원리》1부 48항에서 우리가 어떤 관념을 갖고 있는 모든 것은 사물 또는 진리로 간주되어야 한다고 주장한다. 그에 의하면 인식에 속하는 모든 것은 두 종류로 구분된다. 하나는 실존하는 모든 것이고, 다른 하나는 생각을 벗어나서는 존재하지 않는 모든 진리다. 그리고 모든 것에 대해서 우리는 실체, 지속, 순서, 수라는 일반 관념을 먼저 갖는다. 데카르트는 창조된 모든 것을 크게 두 가지, 즉 지적(사유) 실체와 물체로 구분한다. 그래서 지성과 의지 및 인식과 욕망의 모든 방식들은 생각하는 실체에 속하고, 크기, 넓이, 깊이, 형태, 운동, 나뉜 부분들의 상태와 배치는 물체에 속하는 것으로 규정된다. 그런데 이것들 외에도 우리가 우리 안에서 경험하는 것이 있다. 이것은 영혼이나 몸과 각각 독립적으로 관계하는 것이 아니라 영혼과 몸 사이의 밀접한 결합과 관련되어 있다. 자연적 욕구, 동요, 또는 '생각'에만 의존하지 않는 영혼의 정념들, 가령 화, 기쁨, 슬픔, 사랑 등의 감정과 빛, 색, 소리, 냄새, 미각, 온기, 촉감 등의 모든 감각이 그러한 것이다. 그런데 데카르트에 의하면 사람들은 이러한 단순 관념을 충분히 구분하지 않은 채 사용하고 있으며, 이렇게 잘못 사용하는 것에서 오류가 발생한다. 이것은 형이상학에서뿐만 아니라 자연학에서도 마찬가지이며, '중력'이 그 한 예다.[28] 이처럼 영혼과 몸, 이 둘의 결합에 대한 관념은 구분되어야만 하는 세 관념이다.

---

27 〈여섯 번째 반론들에 대한 답변〉에서도 데카르트는 단순 관념들이 영혼의 본성에 의해 영혼이 가지고 있는 모든 것을 말하는 것이라고 주장한다.

28 A III, p. 22.

그렇다면 영혼과 몸의 결합에 대한 기본 관념을 어떻게 이해해야 하는가? 이에 대해 두 가지 해석이 가능하다. 우선 알키에 F. Alquié의 해석을 언급할 수 있다. 알키에에 따르면, 의지 행위와 정서에 대한 이해는 영혼과 몸이라는 구분된 관념에서가 아니라 세 번째 기본 관념, 즉 결합의 관념에서 출발해야만 한다. 왜냐하면 이 결합의 관념은 그것이 다른 어떤 것에서도 도출될 수 없다는 점에서 기본적인 반면, 감정과 정념의 관념들은 이 같은 결합의 관념에 의존하기 때문이다.[29] 두 번째는 알키에를 반대하는 라포르트 J. Laporte의 입장이다. 그는 정서와 정념을 결합의 양태로 해석한다. 그에 의하면 실제로 결합이 기본 관념일 때, 그것은 실체다.[30] 그러나 알키에는 라포르트의 이러한 입장이 양태가 실체의 주요한 속성에 의존한다는 《철학의 원리》 1부 53항의 주장에 근거한 해석이라며 비판한다. 그는 실체의 모든 주요한 속성, 즉 연장과 생각이 우리에게 기본 관념으로 주어진다면 모든 기본 관념들이 그런 속성들을 표상(재현)하는 것이라는 결론을 내릴 수밖에 없으며, 그 증거로 제시할 수 있는 것은 데카르트가 수, 지속 등을 관념으로 명명한다는 점이라고 주장한다. 그러므로 결합이 기본 관념이라면, 결합은 실체가 아니고 양태를 지닐 수 없으며, 따라서 결합은 어떤 파생된 관념의 조건이자 감정과 정념[31]이라는 주장이 성립한다. 사실 데카르트 자신은 영혼과 몸의 결합체를 실체라 규정하지 않았으며 이 둘은 실체적으로 결합되어 있

29　A III, p. 19, 주석 1.
30　Jean Laporte, *Le rationalisme de Descartes*, Paris: PUF, 4ed., 2004, pp. 235~236.
31　같은 책, p. 19.

을 뿐이라고 강조한다. 따라서 영혼과 몸의 결합을 분명 우리 안에 있는 기본 관념이라고 이해할 수 있다.

더구나 데카르트는 영혼과 몸, 그리고 이들의 결합에 대한 세 관념을 학문의 영역을 구분하는 데까지 확대한다. 그에 의하면 인간에 관한 모든 학문은 세 관념을 잘 구분하고 각 관념을 그것이 속한 것에 잘 위치시키는 데서 성립한다. 〈엘리자베스에게 보내는 1643년 6월 28일 편지〉에서 데카르트는 세 종류의 기본 관념은 각각 독특한 방식으로 인식되어야 하며 비교에 의해 인식되어서는 안 된다는 점을 분명히 한다.[32] 데카르트는 가장 먼저 이 세 관념의 커다란 차이에 주목한다. 즉 영혼은 순수 지성[33]에 의해서 인식될 수 있으며, 연장·형태·운동으로서의 몸은 지성에 의해서만 인식될 수 있으나 상상력의 도움을 받는 지성에 의해 더 잘 인식될 수 있다. 그리고 영혼과 몸의 결합에 속하는 것은 지성 혼자만으로는 잘 인식되기 힘들며, 상상에 의해 도움을 받는 지성에 의해서조차도 단지 애매하게 인식될 뿐이다. 그것은 오히려 감각에 의해 아주 분명하게 인식된다. 데카르트는 감각만을 사용하여 철학하는 것과, 영혼이 몸을 움직이며 몸이 영혼에 대해 작용한다는 것을 의심하지 않는 이들을 비판한다. 데카르트에 의하면 그들은 모두 영혼과 몸을 마치 하나처럼 간주하고 있는 셈이다.

데카르트에 의하면 순수 지성을 통해 가능한 형이상학적 사유는 영혼의 관념을 우리와 친숙하게 만들며, 특별히 상상(력)을 사용하는

---

32 A III, pp. 43~48.
33 여기서 '지성'은 entendement을 옮긴 것이다. 일반적으로 '오성'으로 번역되지만 내용상 오성보다는 지성으로 옮기는 것이 적합해 보인다.

수학 연구는 잘 구분된 신체의 관념을 형성하는 습관을 만들어준다. 끝으로 우리는 단지 삶과 일상적 대화만을 사용하고 상상을 사용하는 것들에 대해 숙고하거나 연구하기를 절제함으로써 영혼과 몸의 결합을 인식하는 것을 배우게 된다.[34] 이렇게 데카르트는 영혼과 몸의 결합 문제를 형이상학과 무관한 삶에 관련시킨다. 그런데 이 삶은 증명되는 것이 아니라 경험되는 것이다.

4) 화합으로서 영혼과 몸의 결합

앞서 언급했듯이 데카르트는 영혼과 몸의 구분을 강조한다. 그 결과 데카르트는 자신에게 남겨진 문제란 이 둘의 결합을 어떻게 설명할 수 있는가 하는 것이라는 점을 엘리자베스에게 보낸 편지에서 인정한다.[35] 하지만 영혼과 몸의 결합 현상에 대한 논의는 엘리자베스와 주고받은 편지와 《정념론》 이전에 등장한 《인간론》, 《방법서설》 5부, 《철학의 원리》, 《성찰》의 〈제6성찰〉 등에서 이미 다루어졌다. 특히 《인간론》은 몸에 관해 묘사한 뒤 영혼만을 단독으로 논의하고 있으며 우리와 닮은 인간을 구성하기 위해서 어떻게 이 두 본성이 합쳐지고 결합하는가를 논의한다.[36] 물론 우리가 현재 읽을 수 있는 《인간론》은 영혼(이성적 영혼)의 묘사와 영혼과 몸의 결합에 대한 논의를 다루지 않은 채 인간의 몸을 기계로 보는 논의에서 끝나기는 하지만,

---

34　A III, p. 44.
35　〈엘리자베스에게 보내는 1643년 5월 21일 편지〉, AT III, 665.
36　AT IX, 119~120.

데카르트가 쓴 원래의 글은 이 모두를 다루고 있다.[37] 여기서 데카르트는 인간이 소위 의식이나 감각 질, 즉 감각이나 감정을 지닐 수 있기 위해서는 신이 이 기계에 이성적 영혼을 결합해야 한다고 주장하지만, 신이 영혼의 자리로 부여한 곳이 뇌이고, 신경의 매개에 의해 이 뇌에 있는 기공의 출입구들이 다양한 방식으로 열림으로써 영혼이 다양한 감정을 지니게 된다고 언급한다.[38] 하지만 드니 캉부슈네가 주목한 것처럼,[39] 《인간론》에서는 정념 자체보다는 동물 정기에 의해 생기는 기분과 자연적 성향[40]이 다루어지고 있으며, 《철학의 원리》에서는 외적 감각과 구분되는 감정이 내적 감각의 현상 또는 결과로서 취급되고 있다.[41]

결국 데카르트에 의하면 영혼과 몸의 결합체는 1+1=2라는 식의 단순한 결과가 아니라 이 둘이 융합된 결과로서 자신의 고유한 속성, 즉 감각, 감정, 정념을 지닌다는 것이다. 따라서 이들의 상호 작용과 그 속성을 이해하기 위해서는 각각이 어떤 식으로 독립적이며 자율적인지를 검토할 필요가 있다. 왜냐하면 각각의 독립성과 자율성은 이 둘의 상호작용을 가능하게 하는 조건이기 때문이다. 바로

---

37 《세계론》과 《인간론》은 한 저서의 두 부분으로, 《세계론》은 1~17장으로 이루어져 있고 《인간론》은 18장에서 시작한다. 데카르트는 여기서 이성적 영혼을 묘사했다는 사실을 《방법서설》 5부에서 언급한다. 이성적 영혼은 질료(물질)의 힘에서 전혀 도출될 수 없고 창조된 것이다.

38 《인간론》, AT XI, 143.

39 Denis Kambouchner, *Descartes et la philosophie morale*, Paris: Hermann, 2008.

40 AT XI, 166~167. 동물 정기의 풍부함, 굵기, 기복, 동등함의 구성 방식에 따라 서로 다른 기분과 자연적 성향이 나타난다.

41 《철학의 원리》 4부 190항.

그러한 이유에서 데카르트는《정념론》의 첫 부분에서 영혼의 정념을 알기 위해서는 영혼의 기능과 몸의 기능을 구분해야 한다고 강조한 것이다.

여기서 데카르트철학이 스콜라철학과 단절되는 한 가지 예를 볼 수 있다.[42] 다시 말해 스콜라철학에서는 동일한 장르 안에서의 인과성이 제시될 뿐이지만, 데카르트에게 있어서는 이뿐만 아니라 서로 다른 존재의 상호작용에 의한 인과성 역시 제시된다.[43] 이러한 의미에서 데카르트는 영혼이 결합되어 있는 몸보다 영혼에 상반해 더 즉각적으로 작용하는 어떤 주체도 없고, 영혼 안에서 수동인 것은 몸 안에서는 능동이라고 주장한다.[44] 영혼과 몸 각각이 주체로서 서로 작용을 주고받는 것이다. 데카르트에게 있어서 몸과 영혼 각각이 어떤 기능을 갖기에 독립적이며 자율적인지 살펴보자. 데카르트가 영혼이 아니라 몸의 문제를 먼저 다룬다는 것에 주목할 필요가 있다.

우선 데카르트는 그 당시까지 받아들여지던 생명의 원리로서의 영혼이 몸에 움직임과 온기(열)를 준다는 이론에 반대한다.[45] 이것은 영혼과 몸의 존재론적 이원론과 동일한 맥락이다. 따라서 살아 있는 몸과 시체의 차이는 작동하고 있는 기계와 작동을 멈춘 기계의 차이와 같다.[46] 그렇다면 몸의 독립성과 자율성은 무엇에 의해 보장되는

---

42 데카르트철학에서 통일성, 단일성의 문제는 단순 단일성과 복합 단일성을 제시함으로써 해결된다.
43 Josiane Boulad-Ayoub et Paule-Monique Vernes, *La révolution cartésienne*, Laval: PUL, p. 180.
44 《정념론》1항.
45 같은 책, 4~5항.

가? 그것은 몸의 심장에 있는 불의 일종인 지속적인 열에 의해 가능하다. 데카르트에 의하면, "우리가 살아 있는 동안 심장에는 불의 일종인 지속적인 열이 있으며, 이 열은 혈관의 피가 심장에서 유지하는 불의 일종이고, 이 불은 모든 사지 운동의 신체적 원리"[47]다. 즉 영혼이 아니라 심장에 있는 일종의 불이 생명의 원리인 것이다. 데카르트는 이미 《인간론》에서 심장을 생명의 원리로 제시했다.[48] 그리고 이 이론은 잘 알려진 것처럼 당시 하비의 피의 순환 이론에서 영향을 받은 것이다. 하지만 데카르트가 하비의 이론을 그저 수용하는 것에 그치지 않고 해부를 해서 얻은 경험적 지식으로 심장 운동이 어떻게 이루어지는지[49]를 논한다는 사실에 주목할 필요가 있다. 실제로 심장의 열을 제시한 부분은 하비의 견해와 다르다. 하비에 따르면 심장의 수축이 피 순환의 동인이며, 심장 외에 뇌, 신경, 동물 정기 등 몸의 기관에 의해 몸의 자율성이 획득된다. 여기서 특별히 동물 정기에 주목해야 한다. 왜냐하면 정념의 정의에서 다루겠지만, 정념은 동물 정기가 운동한 결과이기도 하기 때문이다. 데카르트에 따르면 동물 정기는 생명을 구성하는 정기로, 동맥 안에 들어 있는 피[50]이며 뇌에서 만들어진다.[51] 그리고 이 동물 정기에 의해 근육의 움직임이 생긴다.[52] 실

---

46   같은 책, 6항.
47   같은 책, 8항.
48   Annie Bitbol-Hespériès, *Le principe de vie chez Descartes*, Paris: Vrin, 1990.
49   앞의 책, 9항.
50   〈마르퀴스 드 뉴캐슬에게 보내는 1645년(?) 4월 편지〉.
51   앞의 책, 10항.
52   같은 책, 11항.

제로 우리 몸은 아주 잘 구성되어 있어서 정기의 운동에 의해 뇌의 어느 특정 기공이 열릴 수 있으며, 반대로 그 기공이 감각에 사용되는 신경에 의해 더나 덜 열린 정도에 따라 정기의 운동에 변화를 일으킬 수도 있다. 결과적으로 근육으로 이끌린 정기에 의해 우리는 숨쉬고, 걷고, 먹고, 마지막으로 동물과 공통되는 모든 행위들을 한다.[53] 즉 '모든 지체는 영혼의 도움 없이 감각 대상과 정기'에 의해 움직일 수 있는 것이다.

이러한 몸의 기능에 대해 검토한 후, 데카르트는 영혼에 부여해야 하는 남은 기능으로 '생각'을 제시한다. 이것은 데카르트가 자신의 형이상학적 관점과 자연학적 관점에서 '생각'을 영혼의 속성으로 정의하는 것과 다르지 않다. 그는 《철학의 원리》 1부 9항에서 생각을 다음과 같이 정의하고 있다. "나는 '생각하다'라는 단어를 우리 안에서 일어나는 모든 것으로, 따라서 우리가 우리 자신에 의해 직접적으로 알아차리는 것으로 이해한다. 이러한 이유에서 '이해하다', '원하다', '상상하다'뿐만 아니라 '감각하다' 역시 여기에서는 '생각하다'라는 것과 같다."[54] 보통 데카르트를 이성주의자로 규정하지만, 데카르트 본인은 사실 자신의 '생각' 개념을 정신적 순수주의에 비유하는 것을 분명하게 반대한다.[55] 왜냐하면 그에게 '생각'은 두 종류, 즉 '지성의 지각'과 '의지의 행위'이기 때문이다. "하나는 지성에 의한 지각에 관여하고 다른 하나는 의지에 의한 결정에 관여하는 것이다. 이렇게 느끼

---

53   같은 책, 16항.
54   AT IX II, 28.
55   AT I, 165, 〈벡크만에게 보내는 1630년 10일 17일 편지〉.

고 상상하고 순수하게 지적인 사물들을 지각하는 것조차도 '이해하기'의 다른 방식일 뿐이다. 그러나 '욕구하다', '싫어하다', '안심하다', '부인하다', '의심하다'는 '원하기'의 다른 방식들이다."[56] 즉 우리 안에서 주목하는 '생각하는 방식' 모두를 두 가지로 연결할 수 있다.

데카르트의 이러한 구분은 어디에서 기인하는 것인가? 이 두 종류의 생각은 사실 영혼의 두 기능인 능동과 수동의 구분에서 나온다.[57] 영혼의 작용은 의지인데, 이에 대한 근거는 의지가 영혼에서 직접 오고 영혼에만 의존하는 것으로 우리가 경험하기 때문이다. 반대로 우리 안에서 발견되는 모든 종류의 지각이나 인식은 수동, 즉 정념이라 부를 수 있는데, 그것은 영혼이 정념을 만드는 것이 아니라 사물에 의해 정념에 대한 표상을 받아들이기 때문이다.[58]

그런데 이렇게 영혼과 몸이 결합하여 감정과 정념이 생길 수 있는 것은 이 둘의 결합, 즉 독립적이며 자율적 존재인 영혼과 몸의 만남이 불화가 아니라, 더는 어떤 것을 상상할 수도 없고 원할 수도 없을 정도의 화합[59]이기 때문이다. 이 만남이 바로 탄생이다. 데카르트는 한 인간의 탄생을 기쁨이라는 정념으로 특징짓는다.[60] 이 둘의 결합

---

56   AT IX II, 39.

57   〈규칙 XII〉에서 데카르트는 인식의 힘을 "때로는 수동적이고 때로는 능동적인" 형태로 기능하며 다양한 기능들, 순수 지성, 상상, 기억, 감각을 갖고 있는 것으로 제시한다. 데카르트에 따르면 이 힘은 "새로운 관념들을 판타지에 형성할 때 혹은 이것이 거기에 이미 있는 흔적들에 기울일 때 정신"이라 불린다.(AT X, 416)

58   앞의 책, 17항.

59   《인간론》, A I, p. 469.

60   AT IV, 600~617.

은 《정념론》 30항에서 다음과 같이 구체적으로 제시된다. 영혼은 몸의 모든 부분에 실제로 결합되어 있으며, 몸은 하나이고 어떤 의미에서는 분할 불가능하며 몸의 기관들은 아주 밀접하게 연관되어 있다. 그래서 몸의 어떤 한 부분이 제거되었을 경우 몸 전체에 결함이 생기게 된다. 그리고 영혼은 몸의 기관들 집합 전체에 연관을 갖는 본성을 지니며, 영혼은 몸의 어느 부분이 잘린다고 해서 더 작아지는 것이 아니다.[61]

하지만 데카르트에 의하면 영혼이 몸 전체에 결합되어 있더라도 좀 더 특별하게 영혼이 자신의 기능을 실행하는 어떤 한 부분이 있는데, 그것은 바로 뇌 한 가운데 매달려 있는 송과선이다. 이렇게 송과선을 제시함으로써 데카르트는 기존의 철학자들이 영혼의 장소를 심장이나 뇌라고 간주하는 것을 거부하는 것이다. 그에 의하면 영혼의 자리는 '뇌의 가장 깊숙한 내부'에 있는 아주 작은 샘이며 이것은 "(뇌) 물질의 중심에 위치하고, 도관 위에 아주 잘 걸려 있어서 공동의 앞선(이전) 정기는 이후의 정기와 상호소통을 한다." 뿐만 아니라 "샘 안에 있는 최소의 운동은 정기의 흐름을 바꾸기 위해서 많은 것을 할 수 있으며, 반대로 정기의 흐름에서 일어나는 최소한의 변화도 이 샘의 운동을 바꾸기 위해서 많은 것을 할 수 있다."[62] 데카르트가 이것을 확신하는 이유는, 쌍을 이루는 감각기관이 하나의 인상을 만들기 위해서는 "영혼에 도달하기 전에 하나의 인상으로 합쳐져서 그 대상

---

61   《정념론》 30항.
62   같은 책, 31항. 정념의 자리는 심장 안이 아니다.

을 두 개가 아니라 하나로 표상하도록 할 수 있는 어떤 장소가 필연적으로 있어야"[63] 하는데, 그 필연적 장소가 바로 이 샘이며 영혼의 주된 자리라는 점에 있다.[64] 그리고 이 샘에서부터 "영혼은 정기, 신경 그리고 심지어 피의 매개에 의해 몸의 나머지 모든 부분으로 뻗어나가며, 피는 정기의 인상에 가담하면서 인상을 동맥을 통해 모든 사지로 운반할 수 있다."[65] 영혼은 샘을 다양하게 움직일 수 있으며 샘 역시 영혼이나 다른 원인에 의해 움직일 수 있다. 이러한 사실에서 감각 영혼과 이성 영혼, 혹은 자연적 욕구와 의지 사이에 있다고 여겨지는 충돌의 문제는 '정기에 의한 몸과 의지에 의한 영혼이 샘에서 동시에 불러일으키는 경향이 있는 운동 사이의 대립'으로 전환된다.[66] 즉 몸과 영혼의 대립이라는 문제가 되는 것이다.

하지만 잘 알려진 것처럼, 데카르트가 송과선의 자리라고 제시하는 부위가 실제로 존재하지 않는다는 점 때문에 데카르트는 많은 비난을 받는다. 그러나 데카르트는 자신이 한 해부 경험에 근거해 〈메르센에게 보내는 1640년 4월 1일 편지〉에서, 송과선이 아주 물렁한 물질로 구성되어 있으며 해부된 시신에서 이것이 부패된 것을 보게 되는 것은 이상한 일이 아니라 주장한다. 결과적으로 이 송과선은 데카

---

63 같은 책, 32항.
64 실제로 몸에서 송과선만이 쌍을 이루는 상대편이 없는 유일한 존재라고 알려지고 있다. 윌리엄스B. Williams는 이 때문에 데카르트가 송과선을 영혼이 자리 잡은 곳으로 생각한 것은 당시 상황에서는 어리석은 제안이 아니라고 평한다.(Bernard Williams, *Descartes*, Penguin Books, 1978, pp. 281~282 참조)
65 앞의 책, 34항.
66 같은 책, 147항.

르트철학의 오류 가운데 하나로 받아들여지고 있다. 그러나 데카르트가 영혼의 자리를 몸의 어느 부위에 부여하려 했다는 점에서 그의 철학을 유물론적 관점에서 해석하는 것이 허용된다고 할 수도 있다.[67]

여기서 우리가 주목하는 것은, 데카르트가 영혼과 몸의 상호작용을 자연학자의 입장에서 다룬다는 사실이다. 이것은 〈모러스에게 보내는 1649년 4월 15일 편지〉에서 데카르트 자신이 "정념이나 감정을 동반하는 사지의 모든 운동이 어떻게 영혼에 의해서가 아니라 몸의 메커니즘에 의해 만들어지는지에 대한 저서를 준비하고 있다"고 밝힌 것과 맥락을 같이한다. 또한 자연학적 측면에서 영혼과 몸의 상호작용을 설명하면서 영혼의 인식이 몸의 운동에 작용하지 않았다고 설명하는 한, 그것은 단순한 운동일 뿐이라는 점을 말하기도 한다. 왜냐하면 데카르트가 〈여섯 번째 반론에 대한 답변들〉에서 '감각 확실성'의 세 단계를 설명할 때 언급했듯이, 감각의 첫 단계는 외부 대상이 몸 기관에 직접적으로 원인이 되는 것인데 이것은 다른 것이 아닌 그 몸 기관의 특별한 운동이고 그 운동에서 생기는 형태와 상황의 변화일 뿐이기 때문이다.[68]

송과선에서는 어떤 방식으로 상호작용이 이루어지는가? 앞에서 언급한 동물 정기는 뇌와 연결된다. "동물 정기는 매우 섬세한 어떤 바람 혹은 오히려 아주 생생한 불꽃이며 뇌까지 통과하는 피의 부분들"[69]이다. 심장의 열기에 의해 묽어진 피의 가장 생기 있고 미세한

---

67 Bernard Williams, 앞의 책, pp. 281~282 참조.
68 AT IX, 236~238.
69 AT XI, 129.

모든 부분은 계속해서 뇌의 공동으로 들어간다.[70] 송과선에서 이미지나 인상들은 뇌의 공동을 채우고 있는 정기의 매개로 집결하고[71] 영혼은 정기들의 인상에 관여하는 동물 정기, 신경, 피의 중개에 의해 몸의 나머지 모든 부분에 전파된다.[72] 이 동물 정기는 인상들을 만든다. 따라서 로디스-레위스가 주장한 것처럼 데카르트의 "이원성은 제자들이 믿었던 것처럼 독립된 두 시리즈 사이의 실질적인 연관이 없는 평행론으로 간주될 필연적 결과를 갖지는 않는다."[73] 여기서 주목할 사항은 영혼이 몸 전체에 결합되어 있지만 데카르트가 특별히 송과선을 그 장소로 정함으로써 영혼이 심장이나 뇌에서 작용한다는 일반적 견해를 넘어서려고 했다는 사실이다.[74] 데카르트에게 이 송과선은 영혼과 몸이 서로 영향을 주고받는 곳이기 때문이다.

따라서 데카르트에게 생명 원리로서 제시되는 심장은 정념의 장소가 될 수 없다. 데카르트는 《정념론》 33항에서 영혼이 심장에서 정념을 받아들인다고 생각하는 일반적 견해를 반박한다.[75] 앞에서 이미 언급했듯이 정념과 연관되는 신체 부분은 피와 연관되는 동물 정기다. 데카르트는 〈뉴캐슬의 후작에게 보내는 1645년(?) 4월 편지〉에서 "생명 정기들은 동맥 안에 들어 있는 피"라고 말하며, 피의 "가장 생기 있고 미세한 부분"[76]인 동물 정기에 의한 순환을 설명한다.[77] 이 동

---

70 《정념론》 10항.
71 같은 책, 32항.
72 같은 책, 34항.
73 Rodis-Lewis, 앞의 책, p. 12.
74 앞의 책, 31항.
75 《정념론》 33항.

물 정기가 구성되는 방식에 의해 다양한 기분과 자연적 성향이 나타난다. 자세히 말해 동물 정기의 풍부함, 굵기, 기복, 동등함의 정도에 따라 다양한 현상들이 나타나는데 이러한 구성은 뇌 조직과 영혼 혼자만에 의한 감정들affections에 의존하지 않는 범위에서 나타난다.[78] 동물 정기들이 평소보다 더 풍부하면, 우리 안에서 선함, 자유, 사랑을 나타내는 것과 비슷한 움직임을 불러일으킨다.[79] 각각의 작용에는 외적 움직임과 내적 움직임 두 가지가 선행하는데 내적 움직임이 정념이다. 이것은 "심장과 간, 피의 기질, 나아가 정기들의 기질이 의존할 수 있는 다른 모든 기관들을 배치하는 데 소용되고, 따라서 그런 경우에 생성된 정기들이 따라야만 하는 외적 움직임들을 야기하는 데 적임인 상태에 있게 한다."[80] 《방법서설》 5부에서 데카르트는 《인간론》에서의 설명을 상기시키며 내적 정념에 대해 설명한다.[81]

이러한 물리적 개념인 동물 정기에 의한 정념은 영혼과 몸의 결합에 의한 정념과 모순되는 것이 아닌가? 사실 《성찰》 중 〈제6성찰〉에서 데카르트는 몸의 움직임과 감정의 연관을 다음과 같이 설명한다. "자연은 나에게 고통, 배고픔, 갈증이라는 감정에 의해, 배의 조종사처럼 내가 내 몸 안에 단지 거주하고 있는 것이 아니라, 내가 내 몸에 아주 긴밀하게 혼합되고 섞여 내 몸과 완전한 하나를 이룬다는 것을

---

76 《방법서설》 5부; AT VI, 54 참조.
77 AT IV, 191.
78 AT XI, 166.
79 같은 곳.
80 AT XI, 193~194.
81 AT VI, 55.

알려준다."[82] 결국 데카르트는 영혼과 몸의 결합에 자연의 원리로서 신을 개입시킨다. 그는 정념을 기분으로, 또한 내적이거나 외적인 육체의 운동과 연결된 육체적 사실로 받아들이고, 몸은 신이 만든 작품으로서 자연 법칙에 따르는 것으로 설명하는 것이다.[83] 그러나 이것만으로는 충분한 설명이 될 수 없다.

《성찰》에 대한《반론들》중 다섯 번째 반론을 쓴 가상디 P. Gassendi는 〈제6성찰〉에 대한 반론에서 "영혼이 전혀 물질적이지 않다면, 어떻게 영혼이 몸을 움직이는가?"[84]라는 질문을 한다. 이에 대해 데카르트는 "증명할 필요가 없다"[85]는 말로 답을 대신한다. 엘리자베스 공주 역시 "생각하는 실체인 인간의 영혼이 어떻게 몸의 정기들을 결정하는가?"라고 질문한다. 이에 대해 답변을 해야만 했던 데카르트는 〈엘리자베스에게 보내는 1643년 5월 21일 편지〉에서 자신이 영혼과 몸의 구분을 강조하고 이 둘의 결합에 대해 설명하지 않았음을 인정하며, 그가 어떻게 영혼과 몸의 결합을 받아들이는지와 어떻게 영혼이 몸을 움직이게 하는 힘이 있는지에 대해서 세 가지 개념을 구분함으로써 설명한다.

---

82 AT IX, 64.
83 AT IX, 67.
84 AT IX, 213, 4~6; AT VII, 337, 26~27; 314, 15~18.
85 AT IX, 213, 10~11. 여기서 데카르트가 가상디의 반론에 호의적이지 않았음을 상기할 필요가 있는데, 사실 그는 가상디가 자신의 형이상학을 전혀 이해하지 못하고 있다고 여겼다. 가상디는 동물에도 영혼을 부여하며 인간 영혼과 동물 영혼을 정도의 차이로 설명한다.

5) 정념의 정의: 지각, 감정, 동요

앞에서 살펴본 것처럼 데카르트는 몸의 기능, 영혼의 기능, 이 둘의 상호작용을 검토함으로써 정념을 영혼의 지각, 감정, 동요로 정의하고 있는데, 여기에 "영혼에 특별히 연관되어 있으며 정기의 어떤 운동에 의해 야기되며 유지되고 강화되는 것"[86]이라는 단서를 덧붙인다. 여기서 '영혼'이 강조된다는 점을 기억할 필요가 있다. 사실 《정념론》이라고 알려진 저서의 원제는 정확하게 《영혼의 정념들》이다. 이러한 정의는 게낭시아 P. Guenancia가 언급한 것처럼, 정념에 대한 데카르트의 정의를 다른 철학자들의 정의와 구별해준다. 다시 말해 "정념의 행위를 한정하고, 〔어떤〕 결과를 필연적으로 생산하는 원인의 행위로 받아들이지 않는"[87] 것이다. 영혼과 몸의 이러한 결합이 의미하는 것은 몸이 영혼에 의존하고 영혼의 힘에 종속한다는 것일 뿐이다. 이제 정념의 궁극적이고 가장 가까운 원인이 뇌 한가운데 있는 작은 샘을 움직이게 하는 정기의 동요라는 것을 상기하면서 어떤 이유에서 데카르트가 정념을 지각, 감정, 혹은 동요로 정의하는지 살펴보도록 하자.[88]

첫째, 정념은 지각이다. 이 정의는 정념을 분명한 인식을 동반하는 영혼의 단독 작용이나 의지와 구분하기 위한 것이다. 정념은 불분명하고 모호한 인식인데[89] 우리는 이것을 경험으로 안다. 데카르트는

---

[86] 《정념론》 27항.
[87] Pierre Guenancia, "Passions et liberté", *les Bulletins de philosophie de Polynésie française*.
[88] 앞의 책, 51항.
[89] 같은 책, 28항.

지각을 다시 원인에 따라서 두 종류, 즉 영혼과 몸의 지각으로 구분하고,[91] 연관되는 대상에 따라서 세 종류로 구분한다.[92] 지각의 원인에 따라 영혼과 몸으로 구분하는 것은 결국 영혼과 몸의 결합 상태에서 생기는 지각과 영혼 단독 작용에 의한 지각을 구분하려는 의도로 보인다. 그리고 대상에 따른 구분 역시 동일한 맥락에서 이루어지는데 그것은 다음과 같다. 첫째는 우리의 외부 대상과 연관되는 지각으로서, 대상이 외적 감각기관에 어떤 운동을 야기하면서 신경의 매개를 통해 뇌 안에서 운동을 일으키고 이로 인해 영혼이 대상을 느끼는 것이다.[93] 둘째는 우리 몸에 연관되는 지각으로 "배고픔, 갈증, 그리고 다른 내적 욕구의 지각"과 "고통, 열, 그리고 외부에 있는 대상 안에 있는 것처럼 느껴지는 것이 아니라 사지 안에 있는 것처럼 느껴지는 그 외의 상태들"이다.[94] 셋째는 우리 영혼에 연관되는 지각으로 우리가 그 효과를 영혼 자체에서처럼 느끼고, 연관시킬 수 있는 어떤 가까운 원인도 대체로 알지 못하는 지각[95]이다. 지각의 이러한 구분은 결국 몸과 영혼, 그리고 이 둘의 결합에 의해 가능한 지각을 구분한 것이다.

둘째, 정념은 감정이다. 그 이유는 외적 감각이 한 대상에 의해 이루어지는 방식과 동일한 방식으로 받아들여지고 다른 방식으로는

---

90 같은 책, 27항.
91 같은 책, 19항.
92 같은 책, 22항.
93 같은 책, 23항.
94 같은 책, 24항.
95 같은 책, 25항.

알려지지 않기 때문이다.[96] 데카르트가 영혼과 몸이 결합한 한에서 갖게 되는 정념으로서의 감정과 순수 지적인 감정을 구분한다는 것을 주시할 필요가 있다. 그에 의하면 정념으로서의 기쁨과 슬픔이 있으며 순수 지적인, 즉 영혼의 단독 작용에 의한 기쁨과 슬픔이 있다. 이 구분에 대해서는 뒤에서 다루기로 하자.

셋째, 정념은 영혼의 동요다. 그 이유는 이 동요라는 이름을 영혼 안에서 일어나는 모든 변화, 다시 말해 영혼에 오는 모든 다양한 생각에 부여할 수 있기 때문만이 아니라 "정념만큼 아주 강하게 영혼을 동요시키고 자극하는 다른 것이 전혀 없기 때문이다."[97] 데카르트에 따르면 이 영혼의 동요가 정념의 정의에 좀 더 적절하다. 실제로 정념에 빠져 있는 사람의 흥분된 상태를 생각해보면 이 정의는 이해하기 쉽다. 여기서 데카르트가 철저하게 경험에 의존하여 정념에 대해 논한다는 것을 알 수 있다. 데카르트는 기본적이고 단순하기 때문에 다른 것에서는 이끌어낼 수 없는 것으로 여섯 개의 기본 정념, 즉 경이, 사랑, 미움, 욕망, 기쁨, 슬픔을 제시하는데 어떻게 정념이 동요에 의해 정의되는지 이 여섯 정념을 통해 살펴보자.

우선 모든 정념 가운데 첫 번째 정념인 경이는 드물고 고려할 만한 가치가 있는 대상과의 접촉에 의해 뇌 안에서 만들어진 인상이 정기의 운동에 의해 강화되고 보존되는 것이다.[98] 이 정념은 몸의 기관 가운데 뇌와 관련된다. 사랑은 정기의 운동에 의해 일으켜진 영혼의 동

---

96 데카르트는 감정을 내적 감정과 외적 감정으로 구분한다.
97 같은 책, 28항.
98 같은 책, 70항.

요이며 의지를 영혼에게 유익해 보이는 대상에 결합하도록 자극하는 것이다. 반면에 미움은 "영혼이 영혼에 해로운 것으로 나타나는 대상으로부터 분리되는 것을 원하도록 자극하는 정기에 의해 야기된 동요다."[99] 여기서 데카르트는 이 동요가 정기에 의해 불러일으켜진다는 것을 강조한다. 그 이유는 몸에 의존하는 사랑과 미움을 구분하고 영혼의 작용에 의해 영혼 안에서 야기되는 동요와 구분하기 위해서다. 욕망은 "영혼에게 적절한 것으로 표상되는 것을 미래를 위해서 영혼이 원하도록 영혼을 배치시키는 정기에 의해 야기된 영혼의 흔들림"[100]이다. 여기서 데카르트는 동요를 표현하기 위해 흔들림 또는 흥분을 의미하는 '아지타시옹agitation'이라는 단어를 사용한다.[101] 이 욕망의 특징은 반대되는 정념이 없다는 것이다. 또한 기쁨은 영혼의 기분 좋은 동요이며, 뇌의 인상들이 영혼에게 그 자신의 것으로 표상하는 좋은 것을 영혼이 소유하는 향유다. 여기서 데카르트는 영혼 단독 작용에 의한 순수하게 지적인 기쁨과 정념으로서의 기쁨을 구분하며, 지적인 기쁨 역시 영혼 안에서 영혼에 의해 불러일으켜진 기분 좋은 동요로 간주한다. 이 동요의 주체는 몸이 아닌 영혼이다. 하지만 데카르트는 "영혼이 몸에 결합해 있는 동안에는 이 지적인 기쁨이 정념으로서의 기쁨을 동반할 수밖에 없다"[102]는 사실을 인정한다. 반면에 슬픔은 '불쾌한 침체'로 뇌의 인상들이 영혼에 속하

---

99   같은 책, 79항.
100 같은 책, 86항.
101 같은 곳.
102 같은 책, 91항.

해제   213

는 것으로 표상하는 나쁜 것 혹은 결함으로부터 영혼이 받는 불편에서 생긴다. 데카르트는 이 정념으로서의 슬픔 역시 지적인 슬픔과 구분하는데 지적 슬픔은 정념으로서의 슬픔을 수반한다.[103] 그런데 데카르트에 따르면 이 정념으로서의 영혼의 동요와 구분되는, 우리에게 좋은 것과 나쁜 것이 영혼 자신에 의해서 영혼 안에서 야기되는 내적 동요가 있다.[104]

그렇다면 데카르트는 어떠한 이유에서 이렇게 정념을 구분하며 강조하는 것일까? 위에서 살펴본 것처럼, 그는 몸의 기능과 영혼의 기능을 구분하는 데서 영혼의 정념을 이끌어낸다. 따라서 이 구분을 통해 결국 정념을 외적·내적 감정과 구분하고, 또한 영혼의 단독 작용인 의지와 구분하는 것처럼 보인다.[105] 하지만 영혼의 정념으로서 지각과 감정의 구분은 뚜렷해 보이지 않는다. 지각과 감정, 이들의 구체적인 차이는 어떤 방식에서 이해될 수 있는가? 라포르트에 따르면 "지각 안에서 사물들은 의식에 단순하게 대상으로 주어지는데, 감정에는 유쾌한 것 혹은 불쾌한 것으로 주어진다. 이것은 주체가 즐겁거나 고통스러울 수 있다는 것 외에 다른 것을 의미하지 않는다. 사물들은 주체의 상태다."[106] 그리고 내적 감각에 있어서 "내가 욕구나 신체적 감정을 느낀다면, 그것은 내 몸을 나에게 현재하는 주체로서 느끼는 것이지 대상으로서 느끼는 것이 아니다. 나는 내 몸을 가지고

---

103 같은 책, 92항.
104 같은 책, 147항.
105 같은 책, 29항.
106 Laporte, 앞의 책, p. 230.

내 몸을 위해 배고프고 목마르다."[107] 이와 같이 라포르트는 영혼과 몸의 결합을 지각하는 것과 이 결합을 느끼는 것을 구분한다. 영혼과 몸의 결합을 지각한다면 그것은 물리적으로 지각하는 것이고, 반대로 결합을 느낀다면 그것은 영혼을 위해서 영혼 자신을 동시에 느끼는 것이다. 즉 비물질적이고 물질적인 것, 요컨대 타자를 느끼는 것인데, 그는 이것을 즉각적 경험이라 말한다.[108]

결과적으로 이렇게 지각, 감정, 동요로 정의되는 정념은 일반적으로 받아들여지는 '일시적 성향' 혹은 '영혼의 병'으로서의 정념과 분명히 다를 뿐만 아니라 자유나 이성과도 전혀 대립하지 않는다. 정념은 몸과 관계가 있는 좋은 것과 나쁜 것에 의해 야기될 뿐이다.[109] 이것은 데카르트가 제시하는 '정념의 주요 효과'에서도 드러난다. "모든 정념의 가장 주요한 효과는 정념이 몸에 준비시킨 것을 영혼이 원하도록 영혼을 자극하고 배치하는 데 있다(⋯⋯). 그래서 두려움의 느낌은 영혼에게 도망하기를 원하도록 자극하고, 대담함의 느낌은 싸우기를 원하도록 자극하며, 다른 것들도 그와 같다."[110] 자연 체계에 의하면 정념의 용도는 "모두 몸과 연관되어 있으며 영혼이 몸과 결합된 한에서 영혼에 주어진다." 또한 "정념의 자연적(타고난) 용도는 몸을 보존하거나 몸을 어떤 방식으로 더 완벽하게 하는 데 사용될 수 있는 작용에 영혼이 동의하고 동참하도록 자극하는 데 있다."[111]

---

107 같은 책, 같은 곳.
108 같은 책, p. 235.
109 《정념론》 94항.
110 같은 책, 40항.

좀 더 자세히 말하자면 "정념을 야기하는 습관이 있는 정기의 동요가 [자연이 우리에게 유용한 것으로 규정한 것을 일으키도록 돕는] 운동에 몸을 배치하는 것과 마찬가지로, 모든 정념의 용도는 영혼이 그러한 유용한 것을 원하도록 하고 이 의지 상태를 지키도록 영혼을 배치한다는 단지 그 점에 있다."[112] 이러한 정념의 용도에 따라 정념의 유용성 역시 긍정적인 면과 부정적인 면에서 제시된다. 다시 말해, "모든 정념의 유용성은 영혼 안에서 영혼이 보존하면 좋고 그 정념 없이는 쉽게 지워지는 상태가 될 수 있는 생각을 강화하고 지속하게 하는 데 있다." 그리고 정념의 나쁜 점은 "더 이상 필요 없는 생각이나 주의를 집중하는 것이 좋지 않은 다른 것을 강화하고 보존하는 데 있다."[113]

그런데 데카르트에 따르면 동일한 원인은 사람들 안에서 서로 다른 정념을 일깨운다. 다시 말해 무서운 대상이 나타나 만들어지는 동일한 인상은 누군가에게는 두려움을 야기할 수도 있고, 또 다른 누군가에게는 용기와 대담함을 야기할 수도 있는데, "그 이유는 모든 뇌가 같은 방식으로 배치되어 있지 않고, 어떤 사람 안에서 두려움을 불러일으키는 샘의 동일한 운동이 다른 사람 안에서는 정기가 뇌의 기공으로 들어가도록 하는 데 있다. 이 뇌 기공의 일부는 방어하기 위해 손을 움직이는 데 사용되는 신경으로 정기를 이끌고, 또 다른 일부는 이 방어를 지속하고 거기에서 의지를 지탱하는 데 적합한 정기를 생산하기 위해서 피를 동요시켜 심장으로 이끄는 신경으로 정

---

111 같은 책, 137항.
112 같은 책, 52항.
113 같은 책, 74항.

기를 동요시키고 밀어낸다."[114] 이것은 또한 사람들이 갖고 있는 경험에 근거한 기억의 차이에 의한 것이기도 하다. 실제로 데카르트에게 있어서 기억과 정념은 불가분의 관계다. 앞에서 보았듯이, 정념은 정기의 어떤 운동에 의해 야기되고 유지되는 것일 뿐만 아니라 강화되는 것이기 때문이다. 이러한 강화에 의해 기억이 형성된다. 따라서 영혼이 어떤 것을 회상하려고 할 때, 이것은 의지이고 이 의지가 송과선의 여러 측면을 향해 구부리며 회상의 대상이 남긴 흔적이 있는 곳을 만날 때까지 정기를 뇌의 다양한 장소를 향해 밀어내며 송과선에 운동을 불러일으키는데, 이것이 영혼에게 동일한 대상을 표상하고 영혼에게 원하는 대상이라는 것을 인식시킨다.[115] 이 기억 외에도 데카르트철학에서는 습관, 몸의 기질, 영혼의 힘 등도 역시 각 개인 안에서 다른 정념을 불러일으키게 하는 것으로 논의될 수 있다.

결과적으로 로디스-레위스가 언급한 것처럼, 데카르트에게 있어서 정념은 "단지 몸 안에서 느껴진 감각적 인상이 아니고 의식 자체 안에서 생기는 이 감정의 결과"[116]라 할 수 있다. 따라서 정념은 '개인 안에서도 좀 더 개인적인 것'이고, 정념을 통해 우리는 자신과 타인을 구분할 수 있는 것처럼 보인다.[117]

---

114 같은 책, 39항.
115 같은 책, 42항.
116 Rodis-Lewis, 앞의 책, p. 197.
117 Michel Meyer, *Le philosophe et les passions*, Paris: PUF, 2007, p. 14 참조.

2. 《정념론》의 현재성

데카르트의 《정념론》은 그동안 데카르트철학 체계가 결여한 것으로 간주되어온 도덕, 미학, 종교뿐만 아니라 정치와 교육의 영역에 대한 데카르트의 견해를 살펴볼 수 있는 요소들을 제공한다. 정념과 연관하여 도덕, 미학, 종교에 대한 논의가 어떤 방식에서 가능한지 살펴보기로 하자.

1) 정념과 인간 본성의 문제

《정념론》 1부는 "정념 일반과 부수적으로 인간 본성 전체에 대해 Des Passions en general: Et par occasion de toute la nature de l'homme"라는 부제가 붙어 있다. 그렇다면 데카르트는 인간 본성을 정념으로 정의하는가? 캉부슈네는 데카르트가 정념의 진정한 위치를 '인간의 본성 la nature de l'homme' 안에 자리 매겼다고 주장한다.[118] 사실 영혼과 몸의 결합은 인간의 고유성을 나타낸다. 데카르트에 따르면 "천사가 인간의 몸과 결합했다면 그는 우리가 갖는 감정을 가지지 않을 것이고, 단지 외부 대상에 의해 야기된 움직임만을 인식할 것이며, 이로 인해 진정한 인간 un véritable homme과 구분된다."[119] 이런 이유에서 영혼이 몸의 모든 부분과 긴밀하게 결합되어 있다는 것이 강조된다. 몸은 하나이고 어

---

118 Denis Kambouchner, *L'Homme des passions* I, p. 92.
119 〈레기우스에게 보내는 1642년(?) 1월 편지〉; AT III, 493.

떤 의미에서는 비분할적indivisible이다. "몸의 기관은 서로 아주 긴밀히 배치되어 있어서 어떤 한 부분이 제거되면 몸 전체에 결함이 생긴다." 이러한 의미에서 "영혼은 연장이나 크기, 또는 몸을 구성하는 질료의 다른 속성과 어떤 연관도 가지지 않고 단지 기관의 집합 전체에만 연관을 갖는 본성"[120]이다.

정념과 인간 본성의 이러한 연관은 데카르트철학 체계에서 항상성을 갖는다. 사실《성찰》중 〈제2성찰〉과《진리 연구 La recherche de la vérité》에서 데카르트는 인간을 이성적 동물로 정의하는 것을 거부한다. "인간이란 무엇인가?" "이성적 동물이라고 나는 말할 것인가? 확실하게 아니다." 왜냐하면 이 문제에 대한 답은 "동물이 무엇인지" 그리고 "이성적이라는 것이 무엇인지를 알아본 후에만" 가능하고 "이 하나의 문제는 서서히 우리를 끊임없이 다른 더 어렵고 황당한 문제들에 직면하게 만들기"[121] 때문이다. 더 나아가 데카르트는 탄생을 기쁨[122]으로 표현하며, 여섯 개의 기본 정념—경이, 사랑, 미움, 욕망, 기쁨, 슬픔—을 모든 인간이 보편적으로 갖고 있다고 주장한다. 그리고 동시에 어머니와 뱃속에 있는 아기의 관계로 인해 개인에게 특별한 정념이 어떻게 생기게 되는지도 설명한다.[123] 결국 인간의 본성과 개인의 본성을 드러내는 것이 정념이다. 이 같은 맥락에서 정념의 문제는 데카르트에게 있어서 내 영혼과 내 몸의 충돌 문제이고, 결국

---

120 《정념론》30항.
121 AT IX, 20.
122 AT IV, 600~617.
123 《정념론》136항.

로디스-레위스가 강조하듯이 데카르트는 정념 문제를 통해 '내 본성에 대한 가르침의 의미'를 깊이 파고드는 것이라고 할 수 있다.

기본 정념은 다른 정념들을 조합하는데 이것은 개별적이다. 예를 들면 어떤 동물이 우리에게 다가오는 것을 볼 때 "그 모습이 아주 이상하고 무시무시하다면, 다시 말해 이전에 몸에 해로웠던 것과 많은 관련을 갖는다면, 그것은 영혼 안에 두려움의 정념을, 이어서 대담함의 정념이나 무서움과 견디기 힘듦의 정념을 일으키게 된다. 이는 몸의 다양한 기질이나 영혼의 힘에 따른 것이며, 또한 현재 인상과 관련된 해로운 것에 방어하거나 그것으로부터 도망침으로써 대응했던 과거의 경험에 따른다."[124] 또한 인식하는 내용에 따라서 다른 과정이 전개될 수도 있다는 것이 데카르트의 주장이다.

이렇게 어떤 한 모습이 불러일으키는 정념이 개인마다 다르게 나타나는 이유는 캉부슈네가 말한 것처럼 두 종류의 인과성으로 설명할 수 있다. 첫 번째 인과성으로 기억, 습관, 몸의 기질, 그리고 영혼의 힘[125]을 들 수 있고, 두 번째 인과성으로 뇌의 배치[126]를 들 수 있다. 캉부슈네는 이 두 가지의 인과성 사이에 논리적(원칙적) 의미의 통로(연결)가 있음을 발견한다.[127] 다른 한편으로 타롱-위공 Carole Talon-Hugon은 정념의 첫 번째 원인을 '감각을 움직이는 대상', '뇌 안에서 우연히 부딪히게 되는 인상', '몸의 기질', '영혼의 작용'이라고 주장

---

124 《정념론》 36항.
125 Denis Kambouchner, 앞의 책, pp. 148~167.
126 같은 책, pp. 168~172.
127 같은 책, p. 167.

한다. 그녀는 "감각은 평가가 행해짐이 없이는 정념으로 완성될 수 없다"[129]는 점을 강조하며 평가 개념을 도입하여 데카르트에게 있어서 영혼의 정념과 내적 동요의 구분이 이루어짐을 상기시킨다. 사실 데카르트는《철학의 원리》4부 190항에서 정념을 두 가지 내적 감각, 즉 자연적 욕구와 정념들 가운데 하나로 말한다.[130]

그렇다면 어떤 방식에서 이러한 평가가 이루어지는가? 이 질문에 대한 답을 데카르트의 '생각' 개념에서 찾을 수 있다. 이미 위에서 언급한 것처럼 정념은 불확실한 혼동된 사유이며,[131] 생각은 '이해하다', '원하다', '상상하다'뿐만 아니라 '느끼다' 역시 포함하는 것이다."[132] 그리고 이렇게 정의되는 생각은 의식이다. 캉부슈네는 이 생각 또는 의식의 미분화된 단일성[133]과 분리의 불가능성을 강조한다.

그러나 데카르트는 생각을 두 종류, 즉 직접적인 눈으로 보기에 해당하는 것과 반성으로 구분한다. 〈아르노에게 보내는 1648년 7월 29일 편지〉에서 전자인 직접적인 눈으로 보기는 어린이의 기초적이고 단순한 생각에 비유되고, 후자인 반성은 새로운 것에 대한 젊은이의 자각에 비유된다. 이 두 종류의 생각은 앞서 말한 것처럼 지성의

---

128 Carole Talon-Hugon, *Les Passions rêvées par la raison, Essai sur la théorie des passions de Descartes et de quelques-uns de ses contemporains*, Vrin, 2002, p. 154.
129 Denis Kambouchner, "Les passions comme 'sens interieur'", in *Descartes et la philosophie morale*, Paris: Hermann, 2008, pp. 77~114 참조.
130 〈샤뉘에게 보내는 1647년 2월 1일 편지〉; AT IV, 602 참조.
131 AT IX II, 57.
132 AT IX II, 28.
133 Denis Kambouchner, 앞의 책, p. 112.

지각과 의지를 구분한 것에 대응한다.[134] 그런데 반성 개념은 "진리를 알아차릴 수 있는 힘"[135]을 가진 지성과 관계한다. 또한 데카르트는 생각과 판단을 구분하는데 이들을 구분해주는 것은 '사물의 본질에 대한 인식'이다.[136]

그런데 정념은 사물의 본질이라는 문제에는 관여하지 않는다. 사실 "우리의 감각은 우리에게 사물들의 본성을 가르쳐주지 않고 단지 우리에게 그것들이 어디에 이로운지 혹은 해로운지만을 가르쳐준다."[137] 그러나 로디스-레위스가 강조하듯이 "인간에게 있어서 자각prise de la conscience은 감각에 의해 가져온 정보들 사이의 실제적인 선택의 가능성과 연결되어 있고"[138] 이러한 선택과 평가는 개인성과 밀접하게 연결되어 있다. 그러한 의미에서 "데카르트에게 정념은 물론 영혼 안에 있는" 것이나 "단지 몸 안에서 느껴진 감각적 인상이 아니고, 의식 자체 안에서 생기는 이 느낌sensation의 결과"[139]다. 정념은 '개인 안에서도 좀 더 개인적'이며 '인간을 그 자신'으로서 타인들과 구체적으로 구분하는 것이라 할 수 있다.[140] 따라서 둔스 스코투스Duns Scotus가 주장하는 것처럼 공통 본성은 가능태라고 말할 수 있는 것이다. 이러한 의미에서 데카르트의 정념은 분석적이거나 추상

---

134 AT IX II, 39.

135 AT V, 220~221.

136 《철학의 원리》 I, 68; AT IX II, 56.

137 《철학의 원리》 II, 3; AT IX II, 64.

138 Rodis-Lewis, 앞의 책, pp. 98~99.

139 같은 책, p. 197.

140 Michel Meyer, *Le philosophe et les passions*, Paris: PUF, 2007, p. 14.

적인 정념이 아니라 개인과 개인의 행동을 특징짓는 것이다.

2) 정념과 도덕

인간 본성의 문제를 다루는 저서라는 점에서 《정념론》을 데카르트철학 체계에서 미완성으로 여겨지던 도덕의 문제를 다루는 저서로 이해하고자 하는 새로운 시도가 최근에 일어나고 있다. 여기에는 매우 주목할 만한 가치와 의미가 있다.[141] 앞에서 살펴본 것처럼, 데카르트가 비록 《정념론》 1부의 부제에 '부수적으로'라는 단서를 붙이기는 했지만, 그는 그곳에서 '인간 본성'에 대해 다룬다고 분명히 밝히고 있기 때문이다. 그런데 데카르트의 정념 이론을 다룬 주석가들은 이러한 해석에 그치지 않고, 정념의 문제가 영혼과 몸의 결합체로서의 인간이 어떻게 주체적 존재, 즉 칸트적 의미에서 자율적 존재일 수 있는가를 보여줄 수 있다고 평가한다.[142] 필자는 데카르트가 인간을 주체적 존재로서뿐만 아니라 타인에게 의존하지 않는 독립된 개별적 존재로서 간주하고 있으며, 이 점 역시 정념의 문제를 통해 보여줄 수 있다고 여긴다.[143]

---

141 드니 캉부슈네가 데카르트 《정념론》에 대해 주석한 《정념의 인간》 I, II 이후 데카르트는 인간의 본성을 정념으로 제시한다고 일반적으로 받아들여지고 있다.

142 Kim Sang Ong-van-cung, *Descartes et la question du sujet*, Paris: PUF, 1999 참조. 이 저서는 여러 저자들의 논문을 《데카르트와 주체의 문제》라는 제목으로 묶은 것이다. 여기서 피에르 게낭시아는 〈몸이 주체일 수 있는가〉에 대해 논한다. 그리고 캉부슈네는 〈정념론에서 도덕적 주체성〉이라는 논의를 편다.

143 필자의 박사학위 논문 〈데카르트에게 있어서 주체성과 개체성 Subjectivité et individualité chez Descartes〉에서 이미 이 점에 대해 밝힌 바 있다.

그런데 정념의 주체와 행위의 관계에 접근하기 위해 우선 데카르트가 현대철학자들과는 반대로 도덕 자체를 문제 삼지 않았음을 인식할 필요가 있다. 오히려 그는 어떤 의미에서 인간이 의무와 책임감을 포함하면서 자유로운 존재일 수 있는지에 대해 알고자 했다고 할 수 있다. 따라서 데카르트가 가진 관심은 인간을 어떤 의미에서 그리고 어떻게 도덕적 존재로 여기는지에 대한 문제인 것이다.

데카르트의 도덕은 《방법서설》에서 제시되는 임시 도덕을 넘어서 《정념론》에서 성립된다고 할 수 있다. 자유에 대한 논의 역시 정념의 문제와의 연관성 안에서, 그리고 타인과의 관계 안에서 아주 구체적으로 다루어진다. 게다가 데카르트가 볼 때 자유, 의지, 자발성, 이 셋은 동일시된다. 자유는 "실행의 유일한 용이함에 성립하므로 자유롭고, 자발적이고, 의지적인 것은 동일한 것이다."[144] 그런데 이 자발성을 형이상학적 범위의 자유로 이해해서는 안 된다. 왜냐하면 자발성은 동기에 의해 불러일으켜진 행위의 용이함일 뿐이기 때문이다.[145] 그리고 데카르트는 《정념론》 1부 41항 '몸에 비추어보아 영혼의 힘은 어떤 것인가'에 대한 논의에서 의지를 "그 본성에서 너무나 자유로워서 결코 속박될 수 없는" 것으로 역시 제시한다. 따라서 의지는 《성찰》의 경우 지성에 반대되는(대응하는) 능력으로, 그리고 《철학의 원리》의 경우 지성의 지각에 대응하는 능력으로 제시되었는데, 이 저서에서는 '지각인 한에서의 정념'이라는 다른 이름으로 논의되고 있

---

[144] A III, p. 553.
[145] Alexis Philonenko, *Relire Descartes*, Paris: J. Grancher, 1994, p. 294.

다고 할 수 있다. 결국 도덕적 측면에서 자유의 문제는 정념의 문제인 것이다. 데카르트가 자유의지와 정념을 어떤 방식에서 연관짓는지 살펴보기로 하자.

데카르트에 따르면 도덕의 주요한 유용성은 욕망을 규제하는 데서 성립한다. 따라서 우선 어떤 일의 결과가 우리에게 달려 있는 욕망과 그렇지 않은 욕망을 구분할 필요가 있다. 왜냐하면 욕망에 대해 가장 일반적으로 범하는 오류가 이 둘 사이를 충분히 구분하지 못하는 데서 기인하기 때문이다. 사실 "오류는 행위를 하는 방식의 결함에 있지 우리 본성의 결함에 있지 않다."[146] 그런데 데카르트는 우리에게 의존하는 욕망을 자유의지로 간주한다. "왜냐하면 단지 우리에게만, 즉 자유의지에만 의존하는 것에 대해 말하자면, 그것을 열렬히 욕망하도록 할 수 있기 위해서는 그것이 좋은 것이라는 것을 아는 것으로 충분"하기 때문이다. 이 욕망은 도덕적인 덕과도 분리되지 않는다. 왜냐하면 "우리에게 의존하는 좋은 것을 하는 것은 덕을 따르는 것이고, 우리가 덕에 대해 아무리 욕망을 가져도 지나치지 않다는 것은 확실하기 때문이다. 이러한 방식으로 욕망하는 것을 얻는 데 실패할 수는 없는데, 왜냐하면 그것이 의존하는 것은 단지 우리뿐이기 때문이며, 거기에서 우리는 기대했던 모든 만족을 항상 얻을 수 있기 때문이다. 이러한 것에서 흔히 저지르게 되는 오류는 너무 많이 욕망한다는 것이 결코 아니라 적게 욕망한다는 것, 단지 그것뿐이다. 그리고 이러한 오류를 막는 최상의 구제책은 덜 유용한 모든 종류의 욕망에

---

[146] AT IX II, 41.

서 가능한 한 정신을 해방시키고, 나아가 욕망하는 것의 좋은 점을 주의 깊게 검토하고 아주 분명하게 알고자 노력하는 데 있다."[147]

이와 같이 덕은 "최고라고 판단하는 모든 것들을 정확하게 하려는, 그리고 그것들을 잘 알려고 하는 데에 정신의 힘을 사용하는 단호하고 변함없는 결단력에 관여"[148]하는 한에서 자유의지와 공존한다. 뿐만 아니라 이렇듯 덕과 공존하는 자유의지는 삶의 만족에 깊이 관여한다. 데카르트는 〈크리스틴에게 보내는 1647년 11월 20일 편지〉에서 삶의 가장 크고 단단한 만족은 자유의지의 훌륭한 사용에서 오는 것이라는 것을 증명해야 하는 것은 어렵지 않은 일이라 말한다. 데카르트에 따르면 영혼이 좋은 것들의 정확한 가치를 분명하게 안다면 만족은 항상 거행된 좋은 것의 크기에 비례할 것이고, 좋은 것의 크기는 단지 좋은 것이 성립함으로써 생기는 가치에 의해서뿐만 아니라 그것이 우리와 관계되고 연관되는 방식에 의해서도 역시 측정되어야 한다. 그러한 의미에서 의지의 자유는 가장 고상한 것이다. 결과적으로 자유의지의 훌륭한 사용은 모든 좋은 것 가운데 가장 커다란 것이다. 그리고 이것은 고유한 의미에서 우리의 것이라고 할 만한 것이고 가장 커다란 만족은 그것에서부터 발생할 수 있는 것이다.[149] 그런데 이러한 만족은 통속적인 의미에서 자아의 이기적인 만족과는 거리가 멀다. 왜냐하면 위에서 살펴본 것처럼, 데카르트에게 있어서 자유는 인간의 완벽함과 분리되지 않는데, 여기엔 타인의 존

---

147 《정념론》 144항.
148 AT V, 83.
149 A III, pp. 745~747.

재, 즉 타인에 대한 존경이 포함되기 때문이다. 어떤 의미에서 그러한지 살펴보자.

우선 데카르트에 따르면, 평가된 사물의 가치는 영혼에 의해 표상되며, 이 표상에 의해 영혼은 어떤 성향을 갖게 된다. 여기에서 존경과 존경에 대립되는 정념인 무시가 생긴다.[150] 그런데 이 두 정념은 좋은 것과 나쁜 것의 판단 이전에 생기는, 즉 대상과의 첫 번째 만남을 특징짓는 것으로, 모든 정념 가운데 첫 번째 정념인 경이의 일종이다.[151] 왜냐하면 "어떤 대상의 크기(크거나 작음)에 전혀 경이로워하지 않을 때, 이성이 우리에게 해야 하는 것으로 지시하는 상태 이상으로도 이하로도 경이로워하지 못하고, 그 결과 그 대상을 정념 없이 평가하거나 무시하기 때문이다. 그리고 흔히 우리 안에서 사랑에 의해 존경이, 미움에 의해 무시가 일어날지라도 그 경우는 보편적이지 않고, 이 정념들은 단지 우리가 대상에 대해 더나 덜 애정을 갖는 만큼 대상의 크거나 작음을 더나 덜 고려하는 경향에서 일어날 뿐이다."[152] 이 경이는 선택 이전의 의식의 상태인 한에서 자유의 가장 낮은 단계인 비결정성과 동일한 선상에 있는 것이라 할 수 있다.

그런데 데카르트에 따르면 존경과 무시는 모든 종류의 대상에 연관될 수 있고, "우리 자신과 연관될 때, 다시 말해 우리가 우리의 고유한 장점을 평가하거나 무시할 때 특별히 주목할 만하다."[153] 왜 존

---

150 《정념론》149항.
151 같은 책, 150항.
152 같은 곳.
153 같은 책, 151항.

경을 우리 자신과 연관시키는 것에 주목할 필요가 있는 것인가? 그것은 바로 개인이 스스로를 존경할 수 있는 이유가 우리가 자유를 사용할 수 있고 의지를 지배할 수 있다는 점에 연관되기 때문이다. 이 사실을 데카르트는 다음과 같이 말한다. "나는 우리 안에서 우리 자신을 존경할 수 있는 정당한 이유로 오직 단 하나만을 주목할 뿐이다. 즉 우리가 자유의지를 사용한다는 것과 우리가 우리 의지를 지배한다는 것이다. 왜냐하면 자유의지에 의존하는 행위에 대해서만 우리는 칭찬받거나 비난받을 수 있고, 자유의지는 우리 안에서 우리를 스스로의 주인으로 만들면서, 신이 우리에게 부여한 권리를 비겁함으로 인해 절대 잃지만 않는다면, 이를테면 신과 비슷하게 만들기 때문이다."[154]

이렇듯 자기를 존경하는 사람은 관대한 사람이기도 하다. 데카르트는 진정한 관대함이 두 측면에서 성립한다고 파악한다. 한편으로는 개인이 "자신에게 진정으로 속하는 것이 의지의 자유로운 자질뿐이고 그가 그것을 잘이나 잘못 사용하는 것에 대해서가 아니면 칭찬받거나 비난받아야만 하는 까닭이 없다는 것을 안다는 것에서 성립한다(……). 그리고 다른 한편으로는 그가 자신 안에서 자유의지를 잘 사용한다는 것에 대한 확고하고 항상적인 결심을, 다시 말해 그가 최선이라고 판단하는 모든 것을 시도하고 실행하기 위해 결코 의지를 결여하지 않는다는 것을 느끼는 데서 성립"하며, 이것은 "완벽하게 덕을 따르는 것"[155]이기도 하다.

---

154   같은 책, 152항.
155   같은 책, 153항.

또한 가장 관대한 사람은 가장 겸손하기도 한데, "고결한 겸손은 자기 자신을 남보다 더 선호하지 않고, 다른 사람도 마찬가지로 자유의지를 지니고 그 역시 자유의지를 잘 사용할 수 있으리라 생각하게 하는 원인이다."[156] 그리고 고결한 겸손은 다음과 같은 이유들에 대한 반성을 원인으로 갖는다. 우선 이 반성은 스스로에 대한 것이다. 즉 자기 본성의 결함과 과거에 저질렀거나 혹은 저지를 수도 있는 잘못들에 대한 반성이다. 더 나아가 타인이 범할 수 있는 잘못을 자신도 저지를 수 있다는 사실에 대한 반성, 그래서 자신을 남보다 앞세우지 않게 하고 남도 우리처럼 자유의지를 갖고 있으므로, 마찬가지로 그것을 잘 사용할 수 있으리라는 사실에 대한 반성이 원인이다.[157] 이러한 의미에서 데카르트가 제시하는 자유는 주체로서의 인간이 관대한 사람이 되고자 노력하는 것을 전제한다고 할 수 있다.

그리고 데카르트에 따르면 관대함은 타인을 무시하지 않도록 한다. "자기 자신에 대해 이러한 인식과 감정을 갖는 이는 다른 사람도 본래 자유의지를 지닌다는 것을 쉽게 확신한다. 왜냐하면 관대함에는 타인에게 의존하는 것이 아무것도 없기 때문이다. 그 때문에 그들은 결코 누구도 무시하지 않는다."[158] 뿐만 아니라 관대한 이들은 타인이 자신의 약함을 드러내 보이는 오류를 범하는 것을 볼 경우에도 타인을 비난하기보다 타인을 변명하고, 또 그들이 범하는 것이 선한 의지의 결여에 의한 것이라기보다는 인식의 결여에 의한 것이라 믿

---

156 같은 책, 155항.
157 같은 곳.
158 같은 책, 154항.

는 경향이 있다. 또한 관대한 이들은 자기 존경에 의해 자신보다 재산, 명예, 정신, 지식, 아름다움 등을 더 많이 지닌 사람들의 아래에 자신이 있다고 생각하지 않고, 동일한 이유에서 자신이 다른 사람들의 위에 있다고도 평가하지 않는다. 왜냐하면 관대한 이들에게 중요한 것은 선한 의지뿐이며, "그들은 단지 이 선한 의지와 관련해서 스스로를 평가하고, 선한 의지가 다른 사람들 안에 존재하거나 적어도 존재할 수 있다고 가정"[159]하기 때문이다. 이러한 맥락에서 관대한 이들은 "정념, 특히 욕망, 질투, 부러움의 완벽한 주인이 된다. 왜냐하면 그가 많이 원할 정도로 충분한 가치가 있다고 생각해서 획득하는 것은 오로지 그 자신에게만 달려 있는 것이기 때문이다. 그리고 관대한 이는 사람에 대한 미움에 대해서는 모든 사람을 존경하기 때문에, 무서움에 대해서는 덕 안에 지니는 신뢰가 그를 안심시키기 때문에, 마지막으로 화에 대해서는 타인에 의존하는 모든 것이 아주 적을 뿐이라 그가 자신의 적에게 단지 감정이 상했다는 것을 재인식하는 것 외에 많은 우위를 주지 않았다고 평하면서 완벽하게 정념의 주인이 된다."[160] 결국 "정념으로서 고려된 관대함은 자유에 대한 정념"[161]이라고 할 수 있다.

다른 한편으로 데카르트는 이 관대함을 태생적인 것이 아니라 획득할 수 있는 것이라 말한다. 따라서 관대함은 출생의 결점을 교정할

---

159 같은 책, 154항.

160 같은 책, 156항.

161 Denis Kambouchner, "La subjectivité morale dans Les Passions de l'âme", in *Descartes et la question du sujet*, Paris: PUF, 1999, p. 113 참조.

수 있는 것이다.[162] 이것이 가능한 이유는 캉부슈네가 강조한 것처럼 자유는 관대한 주체의 훈련을 내포하기 때문이다.[163] 결국 데카르트는 정념의 문제를 도덕 교육과 관련짓는다.

3) 정념과 종교

잘 알려진 것처럼, 데카르트는 《성찰》에서 신 존재 증명을 다룬다. 그리고 이것은 분명 형이상학의 영역에서 신의 존재 문제를 다루는 것이다. 하지만 데카르트는 형이상학적인 신 인식뿐만 아니라 정념과 감정에 의해 이루어지는 신과 신성의 인식에 대해서도 잘 이해하고 있다. 이에 대한 논의를 주로 《정념론》에서 살펴볼 수 있는데, 종교와 연관된 정념으로 가장 먼저 언급되는 정념은 헌신이다. 그에 따르면 "헌신이라는 것에 대해서 말하자면, 그 주요 대상은 의심의 여지 없이 최고의 신성인데, 이것에 대해서 제대로 알고 있다면 그것을 숭배하게 되지 않을 수 없다."[164] 이 헌신은 우리가 우리 자신보다 더 높게 평가하게 되는 왕, 나라, 마을, 나아가 어떤 한 사람에 대해서도 해당되는 정념이다. 그리고 《정념론》 145~146항에서 신의 섭리는 운에 비교된다.[165]

---

162 앞의 책, 161항.

163 Denis Kambouchner, "La subjectivité morale dans Les passions de l'âme", in *Descartes et la question du sujet*, Paris: PUF, 1999, p. 115. 캉부슈네는 관대함을 '의지의 의지 Volonté de la volonté'로 해석하는 것에 반대한다.

164 앞의 책, 83항.

165 같은 책, 146항.

그런데 이 헌신을 제외하면 종교나 신앙과 관련된 정념들은 주로 부정적인 형태로 제시된다. 데카르트는《정념론》162항에서 숭배의 정념에 대한 논의 가운데 이교도의 신성성에 대해서 언급한다. 이것은 이교도의 신앙을 순수 지성에 의한 신앙이라기보다는 감정과 정념에 의한 신앙으로 성격화하는 것이라 할 수 있다.[166] 데카르트에 따르면 이러한 숭배에 반대되는 정념이 경시다.[167] 그리고 이 두 정념, 즉 숭배와 경시를 통해 미신과 신에 대한 모독이 설명된다. "이 두 정념의 좋고 나쁜 용도를 결정하는 것은 그가 관대함을 지녔는지 아니면 정신의 천함이나 약함을 지녔는지에 의존한다. 왜냐하면 더 고상하고 관대한 영혼을 가지면 가질수록, 우리는 자신에게 속하는 것을 각자에게 돌려주는 경향이 있기 때문이다. 이처럼 우리는 신 앞에서 아주 깊은 겸손만을 가질 뿐만 아니라, 반감 없이 모든 명예와 인간에게 갖추어야 하는 경의를 이 세상에서 갖는 계급과 권위에 따라서 각각의 사람에게 돌려준다. 그리고 우리는 단지 악덕만을 무시한다. 반대로 저급하고 약한 정신을 갖는 이들에게는 과도함으로 인한 결점이 있다. 그들은 때때로 단지 무시할 가치가 있는 것을 숭배하고 두려워하며, 때로는 가장 숭배해야 할 가치가 있는 것을 거만하게 경시한다. 그리고 그들은 흔히 신에 대한 극단적인 모독에서부터 미신까지, 이어서 미신에서 신의 모독까지 아주 빨리 이동한다. 그래서 그들에게 가능하지 않은 어떤 악덕도, 정신의 어떤 무절제도 없다."[168]

---

166   같은 책, 162항.
167   같은 책, 163항.
168   같은 책, 164항.

또한 데카르트는 자기만족에 대한 논의 가운데서 신앙에 관한 자기만족을 신랄하게 비판한다. 즉 미신적이며 편협한 신앙심을 갖고 있는 사람들에게서 자기만족이 발견되는데, 그들은 단지 교회에 자주 가고, 많은 기도문을 암송하고, 짧은 머리를 하고, 단식하고, 헌금하는 것을 빙자하여 자신들이 전적으로 완벽하다고 생각한다. 또한 그들은 신과 아주 친한 친구들이어서 신이 불쾌해하는 것을 전혀 하지 않고 그들의 정념이 그들에게 강요하는 모든 것은 좋은 열의라고 상상한다는 것이다.[169] 이렇듯 데카르트는 정념에 의한 신의 인식이 전제되는 신앙 및 종교와 관련된 인간 행위를 부정적인 측면에서 다룬다. 하지만 데카르트에게 있어서 정념이 결코 부정적이어서 억제되어야 하는 것이 아니라는 것을 기억할 필요가 있다.

그렇다면 데카르트는 왜 정념과 감정에 의한 신의 인식이나 종교적 행위에 대해 부정적인 것일까? 데카르트에게 있어서 감정과 정념에 의한 인식은 애매하고 모호한 인식이다. 이러한 인식은 뚜렷하고 구별되는 명석 판명한 인식에 반대되는 인식이며, 사물의 본성에 대한 인식은 감각적 인식으로는 불가능하다. 따라서 나에 대한 인식과 신에 대한 인식은 감각에서 멀어져야만 하는 것이고, 영혼의 본성과 신의 본성에 대한 인식은 정신으로 접근할 수밖에 없게 된다. 이러한 맥락에서 데카르트는 《성찰》의 시작에서부터 감각에 의한 인식을 의심해 나가는 것이다. 또한 데카르트 자신이 알고 있던 영혼의 개념에 대해서도 역시 검토할 수밖에 없게 되는데, 그것은 아리스토텔레스

---

169 같은 책, 190항.

의 영혼이 감각을 포함하기 때문이다. 결국 데카르트는 영혼을 '생각하는 것'으로 정의하게 된다. 물론 이 생각의 정의 안에 느끼는 것이 포함되기는 하지만, 여기서 느낌을 인식하는 것은 정신, 즉 지성이다.

데카르트의 이러한 주장은 카테루스가 〈첫 번째 반박〉에서 성 토마스의 신 존재에 대한 인식은 어림짐작에 불과한 인식이라는 주장에 반대하는 것과 동일한 선상에서 이루어지는 것이기도 하다.[170] 토마스에 따르면 "신에 대한 인식은 오로지 애매한 상태로 우리 안에 존재한다." 이러한 주장에 데카르트는 "신은 인간 정신에 의해 파악될 수 없다는 것을 인정한다." 하지만 토마스 역시 자신과 마찬가지로 다음을 인정할 것이라 말한다. 즉 "신의 완전성에 개별적으로 주목하고, 그 완전성을 파악하려 하기보다는 그 완전성에 사로잡히려 하고, 자신의 모든 정신력을 그 완전성에 대한 관존에 투입하고자 하는 이들은 실제로 그 어떤 피조물에서보다 신에게서 구별되고 뚜렷한, 즉 명석 판명한 인식의 자료들을 훨씬 더 광범위하고 쉽게 발견한다."[171] 결국 정신적 의지의 문제인 것이다.

4) 정념과 아름다움[172]

데카르트의 정념 이론은 그의 철학 체계에서 도덕과 함께 결여된 영

---

170 《신학대전》, 질문 II, 1절 '신의 존재는 자명한가?' 6쪽 2항; AT VII, 9; 앞의 책, p. 24.
171 AT VII, 113; 같은 책, p. 49.
172 데카르트철학에서 미학에 대한 자세한 내용은 《서양근대미학》, 서양근대철학회 엮음, 창작과 비평, 2012, pp. 42~72 참조.

역으로 간주되는 미학, 즉 아름다움에 대한 논의 역시 허락한다. 사실 아름다움 자체를 논하는 것도 아니고 근대미학에서처럼 감성적 인식에 대해 논하는 것도 아니지만, 데카르트는 자신의 첫 번째 저서인 《음악에 관한 소론(음악론) Compendium Musicae》(1619)에서 소리의 아름다움에 대해 다룬 바 있다. 여기서 모든 감각은 즐거움의 능력을 지니고 있는 것으로 제시되는데, 특별히 소리는 우리를 "즐겁게 하고 우리 안에서 다양한 정념을 동요시키는 것"으로 간주된다. 아름다움과 정념을 연관시키는 것이다. 여기서 결국 아름다움에 대한 판단은 주관적이고 개별적인 것으로 간주된다. 아름다움에 대한 데카르트의 이러한 생각은《정념론》에서 사랑과 미움의 정념과 관련하여 아름다움과 추함에 대한 논의를 통해 구체적으로 다루어진다.

그런데 우선《정념론》이 미술, 특히 회화에 커다란 영향을 미쳤다는 점을 언급할 필요가 있다. 예컨대 데카르트가《정념론》113~124항에 걸쳐 설명한 정념의 외적 징후는 신고전주의 회화 이론에 많은 영향을 준 것이다. 17세기 화가들은 데카르트의 이론을 토대로 감정에 휩싸여 있는 인물들의 얼굴을 표현했다.

사실 여기서 더 나아가 데카르트철학 체계에서는 한 개인이 어떻게 한 대상으로부터 아름답다거나 추하다는 판단을 형성할 수 있는지에 대해 설명이 가능하다. 왜냐하면 앞서 언급했듯이 데카르트에게 있어서 정념은 인간의 본성과 개별성을 특징짓기 때문이다.

우선 한 개인은 그가 마주하게 되는 대상이 그를 놀라게 할 때, 즉 그 대상이 새롭거나 당연히 그러해야 한다고 알고 있던 것과 다를 때, 또는 특별하고 예외적일 때 경이에 빠지게 된다.[173] 결과적으로 데카르트의 경이 개념은 새로운 사물에 대한 지식의 증가에 관여할 뿐만 아니라 예외적인 사물에 대한 감탄 역시 포함한다고 할 수 있다.

그런데 이 대상이 우리에게 좋은 것 또는 적절한 것으로 표상될 때, 우리는 그것에 사랑을 갖게 되고, 그와 반대로 나쁘거나 쓸모없는 것으로 표상될 때 미움을 갖게 된다.[174] 그리고 데카르트에게 있어서 사랑과 미움의 대상은 단지 사람뿐만 아니라 사물까지 포함하며, 사랑과 미움은 각각 두 종류, 즉 사랑의 경우 좋은 것과 아름다운 것, 그리고 미움의 경우 나쁜 것과 추한 것에 대한 것으로 구분된다. 여기서 파생되어 아름다운 것에 대해 갖는 사랑은 매력으로, 반면에 추한 것에 대해 갖는 미움은 혐오나 반감으로 제시된다.[175] 매력과 혐오는 욕망의 정념과 밀접하게 연관되어 제시된다.[176]

3. 나가는 글

잘 알려진 것처럼 데카르트의 철학은 영혼과 몸의 구분을 강조하는 이원론으로 대표된다. 많은 철학자들에게 이 이원론은 중요한 비판 대상이며, 그들은 영혼과 몸의 상호작용에 대한 설명을 데카르트철학의 한계로까지 지적한다. 그러나 데카르트의 이원론은 신학과 존

---

173 《정념론》 53항, 70~78항.
174 같은 책, 56항, 79항.
175 같은 책, 85항, 90항.
176 같은 책, 57항.

재론의 구분을 전제하는 형이상학의 영역이다. 형이상학적 관점에서 영혼과 몸은 독립된 실체로서 존재 가능하다. 하지만 데카르트는 영혼과 몸의 결합을 실체 개념으로 말하지 않으며 이 둘의 결합이 실체적 결합임을 강조할 뿐이다.

데카르트는 영혼과 몸의 결합 현상인 정념이라는 개념을 '인간의 문제'로 더 나아가 영혼과 몸의 문제를 개인의 문제로 본다. 여기에서 데카르트를 경험론자로서 해석할 수 있는 한 가지 실마리를 발견할 수 있다.[177] 사실 많은 사람들이 비판하는 영혼과 몸의 결합이 데카르트에게는 영혼과 몸의 구별만큼이나 자연스러운 점이고,[178] 영혼과 몸의 결합체로서의 인간은 존재론적 측면에서 둘이 아닌 하나의 존재이기에 영혼과 몸의 구분에 선행한다고 할 수 있다. 이에 대한 인식은 경험이 허락하는 것이다.[179] 데카르트는 그가 경험한 과학적 방법들을 이 정념 체계를 설명하는 데 포함시킨다. 생리학적 측면에서 이루어진 정념에 대한 설명은 인간의 보편성을 강조하는 동시에 정념의 원인을 인간의 내부 움직임에 배치함으로써 개인을 행위의 주체로 여기며 이 주체와 정념들과의 관계를 명확히 한다. 이러한 의미에서 데카르트의 정념 이론은 인간의 보편성과 개인성을 동시에 설명한다.

---

[177] 데카르트철학에서 '경험'이라는 용어는 비교적 넓은 의미로 사용된다. 《성찰》은 데카르트 자신의 사유 과정, 즉 그의 경험을 보여주는 것으로 해석할 수 있다. 데카르트의 철학에 대한 다음과 같은 2차 문헌에서 경험이 의미하는 바가 좀 더 분명하게 드러난다.(Odette Barbero, *Descartes, le pari de l'expérience, Cogito, liberté, union de l'âme et le corps*, Paris: L'Harmattan, 2009; Philippe Soul, *Expérience et métaphysique dans le cartésianisme*, Paris: L'Harmattan, 2007)

[178] G. Rodis-Lewis, *L'œuvre de Descartes* I, II, Paris: Vrin, 1971. p. 355.

[179] 〈엘리자베스 공주에게 보내는 1643년 6월 28일 편지〉.

따라서 "18세기부터 정념은 개체성의 표시"로 여겨졌고 "19세기에는 더 나아가 개인주의 자체의 상징"으로 여겨지게 되는데,[180] 이러한 '정념의 역사'에 데카르트는 중요한 역할을 하는 것이다.

정념을 통해 개인의 특성을 구체화하는 것은 당연히 이 개인들의 대립과 충돌에 대한 설명을 요구하는데, 이것은 정념을 도덕적 측면에서 어떻게 다룰 수 있느냐의 문제다. 데카르트는 이 문제를 인간이 어떻게 그 자신의 행위에 책임을 지는 존재로 여겨질 수 있느냐에 대한 문제와 동일시한다. 따라서 데카르트는 정념이 자유, 의지, 덕, 선의 개념들과 어떻게 공존할 수 있는지를 보여준다. 이 개념들의 연관성은 정념이 삶에 긍정적인 것으로 억압 대상이 아님을 드러내며, 더 나아가 인간이 어떻게 스스로 '관대한 사람'이 될 수 있는지를 보여준다. 이것이 데카르트 도덕론의 목적인 것이다.

데카르트는 인간이 자기 스스로를 만들어가는 존재임을 의식하고 자신의 삶을 긍정하며 신이 준 자유의지를 가지고 자신의 행위에 책임을 질 때 '진정한 인간 véritable homme'임을 정념 문제를 통해 밝히고 있다. 정념은 형이상학이나 수학과 관계없는 인간의 개별적 삶에서 각자가 자신 안에서 경험하는 것이다. 따라서 영혼의 존재처럼 증명해야 하는 것이 아니다. 이렇게 영혼과 몸의 결합체인 인간에게 스스로 작동하는 기계처럼 자신 안에 신체적 원리를 소유하고 스스로 움직이는 몸은 필요조건이다. 그리고 몸과 몸을 둘러싸고 있는 세계는 영혼을 필요로 한다. 왜냐하면 영혼이 몸과 세계를 연결하기 때문이

---

180   Micher Meyer, 같은 책, p. 178.

다. 어떤 몸을 통해 나에게 어떤 감정이나 정념이 생긴다면 그 몸은 다른 몸과 구별되는 나의 몸이다. 이 몸에 의해 나는 새로운 경험을 하고 사랑하고 미워하고 욕망하고 기뻐하고 슬퍼하는 것이다. 하지만 영혼은 몸에서 독립적이고 자율적으로 작용할 수 있다. 왜냐하면 자연이 그렇게 허락했기 때문이다. 따라서 내 몸과 영혼은 서로 작용을 주고받으며, 정념은 이 과정 속에서 만들어지는 것이다.

분명 데카르트는 몸에 대한 영혼의 우위를 주장한다. 하지만 몸이 없는 영혼만을 소유한 인간을 상정하지는 않는다. 따라서 영혼과 몸의 결합 현상으로서의 감정 또는 정념을 다루는 데카르트로부터 인간 본성을 다루는 인간학이라는 새로운 영역이 시작한다고 볼 수 있다.

옮긴이 김선영

고려대학교 철학과를 졸업하고 프랑스 파리 소르본(파리4)대학교 철학과에서 학사, 석사, DEA를 받았다. 파리 팡테옹−소르본(파리1)에서 〈Subjectivité et individualité chez Descartes〉(2009)로 박사학위를 받았으며, 서울대학교 철학과에서 박사 후 연수를 했다. 현재 고려대학교에서 강의를 하고 있다. 논문으로 〈데카르트철학 체계에서 '정념'의 지위〉(2009), 〈둔스 스코투스와 데카르트의 철학적 연관성에 대한 고찰〉(2011), 〈데카르트에서 영혼과 몸의 결합과 그 현상으로서의 정념: 지각, 감정, 동요〉(2012), 〈데카르트의 신 − 주체 안에 있는 신〉(2012) 등이 있고, 저서로 《서양근대미학》(공저, 2012)이 있다.

정념론

1판 1쇄 발행　2013년 5월 30일
1판 4쇄 발행　2025년 7월　1일

지은이　르네 데카르트　|　옮긴이　김선영
펴낸곳　(주)문예출판사　|　펴낸이　전준배
출판등록　2004. 02. 11. 제 2013-000357호 (1966. 12. 2. 제 1-134호)
주소　04001 서울시 마포구 월드컵북로 21
전화　02-393-5681　|　팩스　02-393-5685
홈페이지　www.moonye.com　|　블로그　blog.naver.com/imoonye
페이스북　www.facebook.com/moonyepublishing　|　이메일　info@moonye.com

ISBN 978-89-310-0739-8 93160

• 잘못 만든 책은 구입하신 서점에서 바꿔드립니다.

문예출판사® 상표등록 제 40-0833187호, 제 41-0200044호